深掘り三国志

塚本青史
Tsukamoto Seishi

潮新書
049

潮出版社

まえがき

私が一二回に及ぶ「三国志講座」の冒頭に、前置きで唱えた台詞があります。それは正史（歴史書である）「三国志」と、末尾に「演義」が付く小説を、ごった煮のように引っ包《くる》めないでということでした。

世間では、「志」と「史」の表記も適当になされたりしています。「史」と書けば『三国《さんごく》史記《しき》』で、それは中国ではなく朝鮮半島の歴史です。

まず、正式な『三国志』とは、歴史書を指します。つまり、事実の積み重ねとしての記録です。歴史書である限り、基本として実際に起こったとされることが前提です。

そのような共通認識の上に成り立って、その延長上にリアルな現実、つまり現在生きている我々がいるのです。

一方の小説は『三国志演義』なるタイトルで、読み手を惹《ひ》きつける血《ち》湧《わ》き肉躍るストーリー展開で流れに入る手法が盛り沢山《だくさん》です。一応それはそれで、事実とされている正史『三国志』に基づいてはいるのですが、かなり潤色《じゅんしょく》をされてもいます。

例えば演義冒頭の「桃園《とうえん》の誓い」で、劉備《りゅうび》と関羽《かんう》、張飛《ちょうひ》が義兄弟の杯《さかずき》を交わしたとか、

「汜水関《しすいかん》と虎牢関《ころうかん》が並んである」とか、絶世の美女貂蟬《ちょうせん》（実在しない）が呂布《りょふ》を誑《たぶら》かしたことになっています。

だが、歴史的な検証として、そのような事実は確認されていません。

また、諸葛亮《しょかつりょう》が周瑜《しゅうゆ》から、「十万本の矢を集めるよう」命じられ、美事《みごと》成功する場面も有名です。しかし、それも正史『三国志』には全く掲載されておらず、どうも民間伝承たる稗史《はいし》に過ぎないようです。

他にも似たような、正史の記述と違った描写は多々あります。使っている武器なども、後漢《ごかん》末期にはなく、作者の羅貫中《らかんちゅう》が生存していた明《みん》代の武器に置き換わっています。

このように「三国志」といえば、正史より演義が先行しがちです。それゆえ一番の人気者（有名人）である諸葛亮の活躍が終わる五丈原《ごじょうげん》の戦いで、ほとんどの場合に物語が途切れてしまいます。

つまり、「巨星《ほし》落つ（流星があったのは、事実のようですが）。秋風五丈原」で幕が引かれるのです。

これは非常に残念なことで、割を喰っているのが卑弥呼《ひみこ》の使いです。よく「邪馬台国《やまたいこく》論争」などがテレビなどでも展開されるのに、三国志の流れと関連が頗《すこぶ》る希薄ですね。

その場合、「邪馬台国が大和《やまと》か、はたまた北九州か？」と、華々しく議論が展開されて、鏡や剣、矛先、鐙《あぶみ》などの発掘品の比べ合いの様相を呈します。

ここで忘れられているのは、卑弥呼の使いといえども「三国志」の流れの中に登場しているということです。それなのに、その点への言及がほとんどありません。彼らが大陸へ来たのは、五丈原の戦いがあった四、五年後です。そのとき朝鮮半島周辺では、どのような事件や外交が進行しつつあったかを見ないと、邪馬台国の実体を見失うでしょう。

また、「魏志倭人伝《ぎしわじんでん》（このようなタイトルの古代の書籍はない）」の本当の形（歴史の先生でも、知らない人がいる）も認識せねばなりません。そしてその時点でも、三国志は未《ま》だ未だ半分を少し過ぎたぐらいなのです。

だからもっと後半をじっくり見て、どのような統一のされ方をするのかを、隅から隅まで見る必要があります。

先ほども述べたように、諸葛亮の陣没以降がなかなか語られないので、日本人は全容を知る人が少な過ぎます。

私の話は、正史に即して進めます。だから、後半以降も重視します。まだ司馬懿《しばい》も孫権《そんけん》も劉禅《りゅうぜん》（劉備の息子）も存命なのです。

彼らを中心とした人々が、どのように三国時代を終結させていくかを見るのも、三国志を愉《たの》しむ後半の醍醐味なのです。

以上、断り書きのような自説を縷々《るる》展開しましたが、「三国志」は正史のみが重要で、演義は出鱈目《でたらめ》だなどと言うつもりは、毛頭ありません。

映画の『レッドクリフ』などでも楽しめるように、見せ場作りの巧みさについて、正史は演義に全く適《かな》わぬことを認めます。誤解なきよう願います。

さて、これから「深掘り」を繙《ひもと》いていただくわけですが、まずは史実としてどうだったかを見ていただきたく存じます。

それではこれから、三国志の英雄豪傑が登場する舞台設定たる二世紀末の後漢を俯瞰《ふかん》するところから、見て参りましょう。

首都の洛陽《らくよう》は、どのような活況を呈《てい》していたのか、想像を逞《たくま》しくしてください。

【目次】

第四章　三国時代から晋滅亡までの権力闘争　207

烏丸《うがん》
柳城《りゅうじょう》
幽州《ゆうしゅう》
漁陽《ぎょよう》
薊《けい》
涿《たく》
公孫瓚《こうそんさん》
楽浪《らくろう》
帯方《たいほう》
易京《えききょう》
漢城《かんじょう》
渤海《ぼっかい》
袁紹《えんしょう》
臨淄《りんし》
青州《せいしゅう》
平原《へいげん》
北海《ほっかい》
頓丘《とんきゅう》
兗州《えんしゅう》
琅邪《ろうや》
濮陽《ぼくよう》
劉備《りゅうび》
呂布《りょふ》
曹操《そうそう》
下邳《かひ》
徐州《じょしゅう》
譙《しょう》
豫州《よしゅう》
汝南《じょなん》
寿春《じゅしゅん》
呉《ご》
袁術《えんじゅつ》
孫策《そんさく》
廬江《ろこう》
揚州《ようしゅう》
会稽《かいけい》
柴桑《さいそう》
山越《さんえつ》
主要都市
都市
州境
匈奴《きょうど》 異民族
曹操《そうそう》 群雄名

後漢末群雄割拠図

鮮卑《せんぴ》
匈奴《きょうど》
涼州《りょうしゅう》
并州《へいしゅう》
鉅鹿《きょろく》
冀州
晋陽《しんよう》
邯鄲《かんたん》
金城《きんじょう》
司隷《しれい》
上党《じょうとう》
鄴《ぎょう》
雍州《ようしゅう》
安邑《あんゆう》
白馬津《はくばしん》
隴西《ろうせい》
函谷関《かんこくかん》
延津《えんしん》
郿《び》
天水《てんすい》
洛陽《らくよう》
孟津《もうしん》
長安《ちょうあん》
張繡《ちょうしゅう》
許《きょ》（潁川《えいせん》
魯陽《ろよう》
宛《えん》（南陽《なんよう》）
新野《しんや》
漢中《かんちゅう》
劉表《りゅうひょう》
荊州《けいしゅう》
襄陽《じょうよう》
永安《えいあん》（白帝城《はくていじょう》）
江陵《こうりょう》
江夏《こうか》
成都《せいと》
劉璋《りゅうしょう》
江州《こうしゅう》（巴《は》）
武陵《ぶりょう》
長沙《ちょうさ》
益州《えきしゅう》
桂陽《けいよう》
零陵《れいりょう》

第一章

三国志の波瀾万丈はいかに始まったのか?

混同されている二つの三国志

三国志の話をするとき、私が最初に伝えるのは、この物語が日本人には非常に誤解されているということです。三国志には、陳寿《ちんじゅ》が書いた史書と、羅本《らほん》（貫中《かんちゅう》）が書いた『三国志演義』という小説の二つがあります。日本人はこの二つをよく混同しています。

日本でよく親しまれている三国志関連の小説や漫画、映画などはたいてい、五丈原《ごじょうげん》の戦いにて諸葛亮孔明《しょかつりょうこうめい》が亡くなったところで終わっています。これは『三国志演義』がそこまでにページの九〇パーセント近くを割いているからでしょう。いっぽう史書の『三国志』はその後、二八〇年に晋《しん》が三国を統一するところまで続きます。

また三国志といえば、何より劉備《りゅうび》と関羽《かんう》、張飛《ちょうひ》が一堂に会し、義兄弟の契りを結ぶ、有名な桃園《とうえん》の誓いのシーンを思い浮かべる人が少なくないでしょう。実はあのエピソードは、『三国志演義』には書かれていますが、史書の『三国志』にはありません。貫中による創作である可能性があります。

また日本人なら誰でも、「魏志倭人伝《ぎしわじんでん》」に記された卑弥呼《ひみこ》の使いのエピソードを学校で習い、よく御存じでしょう。実はあの話が、『三国志』魏書の巻「東夷《とうい》伝倭人条項」なる記事の略称であることを、知っている日本人はあまりいません。そもそも「魏志倭人伝」などという独立した中国の歴史書は、この世に存在しません。日本人が「魏志倭人伝」として覚えているあの話は、『三国志』の一部なのです。

もちろん『三国志演義』は、歴史書の『三国志』と重なる部分がかなりあります。歴史書の『三国志』は、一八〇～二八〇年までの一〇〇年ほどの中国の歴史のベースとなる本だからです。

中国の史書で、最初にこの世に出たのは、司馬遷《しばせん》の『史記《しき》』です。次が『漢書《かんじょ》』、その次が『三国志』、そして『後漢書《ごかんじょ》』といった順になります。こう並べると、おかしなことに気づかないでしょうか。後漢より後の三国時代が舞台である『三国志』が、『後漢書』より先に世に出ているのです。不思議に思う人もいるかもしれませんが、これにはちゃんと理由があるのです。

司馬遷の『史記』には、五帝から漢の武帝《ぶてい》の時代までのことが書かれています。班彪《はんぴょう》とその息子の班固《こ》、娘の班昭《しょう》が書いた『漢書』は、項羽《こうう》と劉邦《りゅうほう》の楚漢《そかん》戦争から、王莽《おうもう》による簒奪《さんだつ》まで、前漢のことがすべて書かれています。普通にいけばその後は、後漢時代のことを書いた『後漢書』が世に出るべきです。

ところがそうはなっていません。なぜか『三国志』のほうが先に世に出ているのです。それは、史書が、そもそも何のために書かれたのかを考えると解《わか》ります。史書は、新しくつくられた王朝が、いかに自分たちが正統であるかを主張するために、それ以前の歴史を書くのです。

『三国志』は、三国時代の後、晋の時代に書かれました。『後漢書』は、後漢時代の後、三国時代のうちから少しずつ書かれてはいました。しかしその時点では、魏、呉《ご》、蜀《しょく》の三国のうち、どの国が正統な王朝なのかがはっきりしていなかったのです。そのため全体がまとめられず、『三国志』の後になって、ようやく『後漢書』を完成させることができたのです。

いずれにしろ、現政権を正当化するために書かれる史書においては、それまでの皇帝や政権が、いかに悪辣《あくらつ》であったかを誇張して書かれる傾向があります。そのため政権の末期には、たいてい同じような悪王が出現して、同じようなパターンの悪行を行っています。

もしかしたら中には、本当は庶民のために改革を行おうとした立派な王や皇帝だったのに、既得権益者に潰《つぶ》され、悪逆なことをしたように描かれている。そのようなことも考えられます。実際に、悪王とされていた人の再評価につながる史料が、後から出てくることもよくあります。よって中国の官製の史書を読む場合は、そこに書かれていることをそのまま受け取らず、ある程度、疑いの目を持っておくことも大切です。

コラム 『三国志演義』と『水滸伝』の違い

中国の小説で日本人に馴染みが深い作品を三つ挙げろと言われれば、『三国志演義』と『水《すい》滸《こ》伝《でん》』『西《さい》遊《ゆう》記《き》』になるでしょうか。『三国志演義』はある程度、歴史を踏《ふ》まえていますが、『水滸伝』はほとんどフィクションです。一応、北《ほく》宋《そう》末期の混乱した社会状況を踏まえ、実名の皇帝も出てきます。しかし一〇八名の豪傑は、ほとんどすべて架空の人物です。

また『三国志演義』の登場人物のほとんどは、乱世を終わらせ、天下を統一するために戦う軍人や政治家、いわばエリート層です。それに対して『水滸伝』の登場人物は、社会からはみだした荒くれ者や反体制的な人物たちで、革命を目指しています。この点も大きな違いです。
ちなみに『水滸伝』の影響のもと、日本で書かれたのが『南総里見八犬伝《なんそうさとみはっけんでん》』です。『水滸伝』では一〇八匹の妖魔が逃げて英雄となりますが、『南総里見八犬伝』では八つの玉が飛び散り、豪傑（八犬士）となってこの世に出てきます。パターンは一緒です。最後の『西遊記』は、三蔵法師《さんぞうほうし》自体は実在の人物（玄奘《げんじょう》＝陳禕《ちんい》）をモデルにしていますが、それ以外は民間伝承をベースにした完全な創作です。

中立的に書かれた司馬遷の『史記』

先ほど、中国の歴史書には権力者の思惑《おもわく》が反映されていると言いました。しかし司馬遷《しばせん》の『史記《しき》』だけはちょっと違います。この本は、他の史書とは成り立ちが異なるのです。

この本は、司馬遷が父の司馬談《しばだん》の遺言に従い、司馬家のライフワークとして書いたものです。司馬談は前漢の官僚として約三〇年働き、先祖が取り組んでいた歴史書を編纂《へんさん》する構想を抱いていました。おそらくそのために、大量の史料も集めていたのではないでしょうか。

しかし司馬談は、歴史書の編纂が完了する前に亡くなってしまいます。その志を継いで、司馬遷が完成させたのが『史記』です。『史記』は王朝から命令されて書いたものではありません。そのため、官製の史書であれば称賛すべき武帝《ぶてい》やその一族を、必ずしも良くは書いていません。仮に『史記』が漢王朝に命令されて書いたものであるなら、その内容から考えて、確実に没《ぼっ》にされるか、書き直しを命じられていたことでしょう。

司馬遷は、紀元前一〇四年頃から『史記』の執筆を始めました。しかしその後、彼を悲劇が襲います。漢と匈奴《きょうど》の関係が悪化し、武帝が匈奴に兵を送った時のことです。匈奴との戦いに敗れた李陵《りりょう》が投降します。そのことに武帝は激怒しましたが、司馬遷は李陵を弁護しました。そのことで武帝の怒りをかい、司馬遷は宦官《かんがん》にされてしまうのです。

普通の人だったら、宦官にされるぐらいなら、死刑を願い出たかもしれません。ところが司馬遷は、恥を忍《しの》んで宦官になる道を選びました。それはおそらく、どんな屈辱にでも耐えて、なんとしても『史記』を完成させなくてはならない。そのような強い使命感と志があったからでしょう。

そうやって、司馬遷が人生をかけて完成させた『史記』ですが、そのまま日の目を見ない可能性もありました。官製ではありませんし、当時は出版社もありません。司馬遷の死後、ずっと家に放置されていたのです。それをたまたま、外孫の楊惲《よううん》が発見します。そして第一〇代皇帝、宣帝《せんてい》（武帝の曾孫）のもとに持っていきます。

宣帝は知識人だったため、『史記』を一読し、この本の重要性を即座に理解しました。おかげでこの本は、世に出ることになったのです。これがもし次の元帝《げんてい》、成帝《せいてい》の時代だったら、風呂の焚《た》きつけにされていたかもしれません。もしそうなっていたら、いまだに中国の昔のことは誰もわからない、といった状態になっていたでしょう。

『史記』は紀伝体《きでんたい》という形式で書かれています。その年に何が起きたかを、年表を追うように順に書いていく編年体《へんねんたい》と違い、大きな時代の括《くく》りの中で、特定の人物にフォーカスし、国家の興亡を描くスタイルです。後の『漢書《かんじょ》』など、中国の史書はすべて、この形式を踏《とう》襲《しゅう》しています。

『三国志』も同じように紀伝体で書かれています。ちなみに『三国志』の最後の文字が「史」ではなく「志」なのは、この書が三つの国がどういう体制をつくろうとしたかという志を描いているからです。さらに『三国史』と書くと、朝鮮半島南部の三国の歴史について記した、まったく別の書物（正しくは『三国史記《さんごくしき》』）を指すので注意が必要です。

コラム　儒学が現代に通用しない二つのもの

『史記』が世に出るうえで大きな役割を果たした宣帝《せんてい》は、前漢中興の祖と評価されています。文武両面に優れ、現実主義者でした。形式主義、理想主義的な儒教《じゅきょう》を嫌い、儒者を政治の世界から遠ざけました。

とはいえ儒教は、中国の政治や文化、社会に大きな影響を及ぼしています。また実は儒教は、孔子《こうし》が一人でつくりあげたものではありません。それまでにあった中国の習慣や習俗、伝統を体系づけ、儀式化したものです。

宗教的な側面も多少ありますが、儒教は宗教ではないとする論調もあります。実際、孔子はあの時代に「神様はいない」と言い切っています。その勇気はすごいと思います。そして「怪力乱心《かいりきらんしん》を語らず」と言い、神秘的な考え方を否定しています。

儒教は基本的には、人々を前向きに、勤勉に働くことをうながす生活規範です。そんな儒教は、現在の日本人の価値観や倫理観の源《みなもと》にもなっています。非常に影響力の大きな思想です。

とはいえ現代社会においては、まったく通用しないものが二つ、儒教の考え方の中にあります。一つは商人蔑視《べっし》です。江戸時代の日本の身分の序列が、士農工商となっていたのも、儒教思想によるものです。

孔子が商人を蔑視した理由は解《わか》らなくはありません。農民のように汗水たらして働かず、安く買ったものを高く売って、暴利を貪《むさぼ》っている。そのような商人を、卑しい存在だと思ったのでしょう。とはいえ商業の本質は流通であり、それによって社会は豊かになります。孔子には、そのような視点がありませんでした。そのため割を喰っていたのが十哲の一人と謳《うた》われる子貢《しこう》です。孔子一派の旅は経済感覚や実務能力に長《た》けた会計係の子貢の力なくして、絶対にできなかったはずです。しかし商人蔑視の思想をもつ孔子は、子貢をあまり評価してやりませんでした。

もう一つ、現代社会が受け入れられないのが男尊女卑です。当時は戦争も農業も、力のある男のほうが圧倒的に役に立ったので、自然と男尊女卑になったのかもしれません。とはいえあそこまで徹底する必要はなかった気がします。私は、おそらく彼がもてなかったからではないかと睨《にら》んでいます。孔子は身長が二メートル以上もあり、出っ歯で、男前ではありませんでした。そのうえ「お金儲けはダメだ」などと言っていれば、女性から敬遠されるでしょう。自分がもてなかった復讐を、男尊女卑でやっていたのではないか。小説家の私は、ついそのような想像をしてしまいます。

暴君が現れては、新たな王朝がつくられる

三国志の物語は、一八四年の黄巾《こうきん》の乱から始まります。ただ三国志の世界の理解をより深めるために、まずは中国の歴史を軽くおさらいしておきましょう。

司馬遷が書いた『史記』は、黄帝《こうてい》、顓頊《せんぎょく》、帝嚳《ていこく》、堯《ぎょう》、舜《しゅん》という伝説の五帝にまつわる「五帝本紀」から始まります。その後、禹《う》という人物が、夏《か》という国をつくります。

中国最初の王朝は、この夏ということになります。夏王朝の存在については、まだ考古学的に証明はされていません。ただこの国の創始者の禹は、それなりに善政を行っていたと言います。

そんな夏でしたが、世襲が続くうちに、愚かな人物が王になるようになります。とくに最後の桀《けつ》王は、悪王として知られています。寵愛する美女のために豪華な宮殿を建て、宴会三昧の日々を送っていました。

そんな悪王のもとで乱れた世を正そうと、湯《とう》王が夏を滅ぼし、殷《いん》（商《しょう》）という国をつくりました。ところがこの殷も、何代か世襲が続くうちに、紂《ちゅう》王という暴君が現れ、桀王とほぼ同様なことをし始めます。この頃の豪勢な宴会を表す言葉が「酒池肉林《しゅちにくりん》」です。

その後、殷は紀元前一〇四六年頃、周《しゅう》によって滅ぼされました。しかしこの周王朝も、世襲が続くうちに、愚かな王が現れ、国が衰退していきます。

やがて王朝の権威だけはかろうじて残しながらも、五人の覇者が相次いで天下を取り仕切る、春秋《しゅんじゅう》時代となります。さらに多くの武将が、王としての正統性を主張し、領土争いを始める戦国時代へと突入します。

この戦乱を治め、中国の天下統一を初めて成し遂げたのが、秦《しん》の始皇帝《しこうてい》です。始皇帝は今までにない中央集権国家を築きました。しかしこの秦も、始皇帝の死後は暗愚な皇帝が続きます。そのため世が乱れ、民衆の不満が高まっていきます。反乱が続発し、やがて秦は項羽《こうう》や劉邦《りゅうほう》らによって滅ぼされてしまいます。

その後、項羽と劉邦が争う楚漢《そかん》戦争が始まります。この戦争では劉邦が勝利し、紀元前二〇六年に、漢（前漢《ぜんかん》）を建国しました。前漢では文帝《ぶんてい》、景帝《けいてい》の時代に、戦乱で疲弊《ひへい》した社会を再建することを最優先しました。賦役《ふえき》を軽減し、農業を振興しました。宮廷生活も質素倹約を心がけ、国富を貯めました。その後、第七代皇帝の武帝《ぶてい》は中央集権化を進め、才能ある人材を積極的に登用します。そのうえで宿敵だった匈奴《きょうど》を討伐し、前漢の領土を広げ、最盛期を迎えました。

しかしそんな前漢も、徐々に政治が乱れていきます。末期になると、重臣の王莽《おうもう》が権力を握るようになります。そして紀元後八年に王莽が帝位を簒奪し、自ら皇帝に即位しました。彼が新《しん》という王朝を立てたことで、二〇〇年以上続いた前漢は滅びてしまいました。王莽は、儒教を重視した政治を行います。しかし経済政策に失敗し、国内は混乱します。やがて全国で反乱が起き、新は滅亡します。

その後、続いた戦乱を治め、再び天下を統一したのが、前漢の皇族だった劉発《りゅうはつ》の末裔《まつえい》といわれる劉秀《りゅうしゅう》です。彼は紀元後二五年に、洛陽《らくよう》を都と定め、漢（後漢《ごかん》）王朝を再興します。そして後漢の初代皇帝（光武帝《こうぶてい》）となるのです。

光武帝もまずは戦で疲弊していた国内を復興するため、地方の常備軍を廃止し、農業振興に力を入れました。儒教を振興し、善政を行いました。漢が倭《わ》の奴《な》の国からの使者に、金印を授《さず》けたのもこの時代です。第三代皇帝の章帝《しょうてい》の時代までは、儒教に基づいた徳治《とくち》政治が行われ、経済や文化も発展しました。

外戚がのさばり政治が腐敗

ところがそんな後漢も、中期になると再び世が乱れていきます。その最大の要因は、外《がい》戚《せき》や宦官《かんがん》が政治に深く関与するようになったことです。さらにそうなった要因は、帝に子どもができなかったり、帝が若くして亡くなったりすることが多かったからです。

このような状態が続くと、帝の子どもが幼いうちに即位しなくてはなりません。そうすると、何もできない帝の代わりに、権力を持ち始めるのが、前皇帝の后（正妻）、もしくは幼帝の生母です。さらにその一族、外戚が政治に口を出すようになるのです。

幼帝は子どもの頃は、政治のことなど何も判《わか》りません。そこで素直に、皇太后や母、外戚が言う通りに従っています。でも成長するに従い、自分がただのお飾りにすぎないことを理解します。そしてこのままではいけないと考え、自分が権力を奪還するための謀《はかりごと》を始めるのです。

謀は当然、秘密裏に進めなくてはなりません。そこで謀の場となるのが、自分以外の男性は入ることができない後宮です。ただ男性でありながら、後宮に自由に出入りできる者がいます。男性の機能をもたない宦官です。また政治文書と事務処理に精通した宦官は、若き帝が権力を奪取するうえで、非常に頼りがいのある存在でした。

宦官は、どんな書類を集めて印鑑を押せば軍事権を握れるか、などといったことを知悉《ちしつ》しています。若き帝は、そんな宦官の力を使い、外戚を排除するようになるのです。そうやって皇帝を支えた宦官は、論功行賞で優遇されるようになります。財産を譲るための養子や世襲が許され、宦官の力や影響力はどんどん大きくなっていったのです。

いっぽう皇帝のほうはといえば、基本的に普段、大した仕事はありません。そこで平凡な帝はたいてい毎日、宴会ばかりやっていました。好き放題、不摂生な生活を続けているため、たいていは体を壊し、早死にしてしまいます。この頃の中国の皇帝の平均寿命は、三〇代だと言われています。

皇帝が若くして亡くなれば、また幼い子が皇帝になります。そして、その外戚が実権を握ります。さらに横暴《おうぼう》になっていく外戚を、帝が宦官を使って排除する。そのようなことを繰り返しているうちに、後漢はどんどん疲弊《ひへい》していったのです。

このようなかたちで国が疲弊していくと、賄賂《わいろ》政治がはびこります。役人は、何かと理由をつけては、庶民に賄賂を求めるようになります。国が疲弊すれば、財政も悪化します。税金もどんどん重くなっていきます。さらに飢饉《ききん》や天災疫病が重なり、民衆の不満は積もり積もっていきました。

そんな民衆の心の救いとなっていたのが、張角《ちょうかく》が興した道家系の新興宗教、太平道《たいへいどう》です。道家は、無為自然を良しとする、老子《ろうし》や荘子《そうし》の思想を源としたものです。彼らは普段は、俗世間とは距離を置き、山の中で静かに暮らしています。そして薬草をもとに強壮剤を作り、庶民の病気を無料で治してやったりもしていました。そんな太平道は、圧政に苦しむ当時の庶民から強く支持され、信者は日に日に増え、勢力を強めていったのです。

コラム

中国史で重要な役割を果たす宦官

三国志に限らず、中国の歴史において、宦官《かんがん》は非常に重要な役割を果たしています。宦官は本来は刑罰として男性機能を奪われた者です。しかし中には、自ら宦官になった者もいます。紙を書写材料に改良した蔡倫《さいりん》は貧しかったため、官吏になるために、自ら宦官になったといわれています。明の時代に、インド洋まで大編隊で遠征した鄭和《ていわ》も宦官でした。中国の歴史に登場する宦官にはろくな人物がいませんが、司馬遷《しばせん》、蔡倫、鄭和の三人は、まともな宦官といえるでしょう。

　ちなみに宦官のように男性器を去勢する風習は、中国だけでなく、世界中で見られます。キリスト教圏にも、少年合唱団のソプラノボイスを維持するために、去勢（カストラート）する習慣がありました。作曲家のハイドンもそうされようとした一人です。ただ日本には宦官はなじまなかったようです。日本は中国からさまざまなものを取り入れましたが、宦官と纏足《てんそく》は取り入れませんでした。遣唐《けんとう》使《し》の頃、お土産として宦官がよく日本に連れて来られていましたが、当時の人々は、その扱いにおそらく戸惑《とまど》ったのではないかと思います。

黄巾の乱から宦官大虐殺へ

一八四年、退廃した政治に対する民衆の不満が、ついに爆発します。何百万人もの太平《たいへい》道《どう》の信者らが中心となって、各地で反乱が起きたのです。それが黄巾《こうきん》の乱です。国中のいたるところで、政府の機関が襲撃され、穀物が盗まれ、多くの人が殺されました。

この乱を鎮圧するために、各地から招集されたのが袁紹《えんしょう》や曹操《そうそう》、孫堅《そんけん》らです。ちなみにこの時代に登場する孫堅は、三国時代に活躍する孫権《そんけん》の父親です。

このように三国志の物語は、後漢《ごかん》の退廃、それに対する民衆の反乱で大混乱に陥ったこの世を、いかに平穏なものに戻すか、といったところから始まるのです。

黄巾の乱が起きたときの皇帝は霊帝《れいてい》です。暗愚な人で、この人も宦官《かんがん》による腐敗政治を許します。将軍らが異民族侵攻の鎮圧に奔走する中、後宮に庶民を真似た模擬店をつくり、毎日、酒食にふけっていました。

そんな不摂生から、この帝も三〇代で亡くなります。そして霊帝の子、弁《べん》を産んだ何《か》皇后の外戚が、宮廷でのさばり始めます。とりわけ、何皇后の異母兄で、食肉加工業を営んでいた地方の豪族だった何進《かしん》が、大きな権力を握るようになります。

黄巾の乱そのものは、数カ月で鎮圧されました。しかし、後漢王朝に対する人々の不満は大きく、そう簡単におさまりません。その後も各地で反乱軍が蜂起し続けました。それを抑え、自分の権限を増大させるために、何進は郡太守を監察《かんさつ》する役職として、それまでの刺史《しし》に代わって牧《ぼく》を置きます。

しかしその頃には、中国全土に袁紹や袁術《えんじゅつ》、公孫瓚《こうそんさん》といった群雄が割拠《かっきょ》していました。彼らは強引《ごういん》に部下を刺史として任命しました。刺史と牧の対立が深まり、もはや中央政府は機能していない状況です。社会はますます混乱していきます。このような状況も、後に三国志で繰り広げられる戦の大きな要因となります。

ところで何進は、いずれ皇帝にしようとしている甥っ子の弁を、宮廷では育てませんでした。なぜか場末にある、道家の道場に預けたのです。恐らく暗殺を懸念してのことでしょう。ところが、無為自然で暮らすことを良しとする道家では、礼儀作法を教えません。そんな場所で育った弁は、皇帝の子どもとはとても思えない、粗野な人物に育ってしまいました。

一方で霊帝には、もう一人子どもがいました。王《おう》美人が産んだ、協《きょう》という男の子です。

後に後漢最後の皇帝、献帝《けんてい》となる人物です。協は宮廷で育ったため、礼儀作法を心得た人物に育ちました。そんな対照的な弁と協の二人のどちらを皇帝にするかで、その後、周囲の宮廷人が争うようになるのです。

この権力争いに、さらに宦官が加わります。そのため事態は、もっと複雑になります。霊帝の本妻となった何皇后は、もともと宦官びいきでした。宦官に賄賂を渡して宮廷に入れてもらった経緯があったからです。

ところが異母兄の何進は、自分が宮廷で権力を強めるうえで、宦官が邪魔でしかたがありません。そして自分の意に沿わない宦官を、何人か暗殺します。そして霊帝が亡くなると、弁を皇帝にしようと目論《もくろ》みます。そこからさらに、宮廷内の権力争いが激化し、大混乱に陥っていきました。やがて一八九年に、何進は宦官に暗殺されてしまいます。

さらにこの年、宦官に反感をもっていた袁紹と袁術が、宦官の大虐殺を実行します。その時、一部の宦官が、弁と協を連れて宮廷から逃げ出しました。袁紹、袁術は後を追い、黄《こう》河《が》にある小平津《しょうへいしん》（関所を兼ねた渡し）で、大半の宦官を殺しました。ところが弁と協は、そのまま侍従らと一緒に行方不明になってしまうのです。

その時、何進からの命令で、首都の洛陽《らくよう》へ進軍していた涼《りょう》州の豪族、董卓《とうたく》がたまたま二人と出会います。そしてそのまま、二人を連れて洛陽へ帰還するのです。その時、口の利《き》き方を知らない弁は「今頃来て、何の役に立つんだ」といった悪態を董卓に吐きます。逆に協は、「迎えに来ていただき、ありがとうございます」といった丁寧な挨拶をしました。その印象も、後に董卓が協を皇帝にする要因となったのでしょう。

コラム　中国の帝は自分の名前を知らない？

何進《かしん》や宦官《かんがん》らによる支配を許し、政治の大混乱を招く元凶となった霊帝《れいてい》は、暗愚な皇帝の一人です。ちなみに霊帝の姓名は、劉宏《りゅうこう》と言います。霊帝は死後につけられた諡《おくりな》です。諡とは、帝王などの生前の功績に応じてつけられる名前のことです。霊帝の次男で、後漢最後の帝となった献帝《けんてい》の姓名は劉協《りゅうきょう》です。しかし彼は、帝の位を曹丕《そうひ》に献上したことから献帝と呼ばれています。

もともと中国の帝王の名前は、死後に臣下がつけた諡で呼ばれることが一般的でした。これをやめさせたのが始皇帝《しこうてい》です。臣下が王や皇帝に名前をつけるなんて無礼だというのが彼の考えでした。そこで始皇帝の後からの三代までは諡が廃止されました。しかし漢の時代になると、すぐに諡が復活します。実は漢の武帝《ぶてい》も、本人が生きていた時は、自分が後に武帝と呼ばれるようになるとは、思ってもいなかったのです。

袁紹率いる反董卓軍の戦いが始まる

袁紹《えんしょう》や袁術《えんじゅつ》による宦官虐殺などの混乱に乗じ、洛陽《らくよう》に入った董卓《とうたく》が実権を握った一八九年は、まさに激動の一年でした。中平《ちゅうへい》から光熹《こうき》、昭寧《しょうねい》、永漢《えいかん》、また中平と、四回も改元されていることが、その大混乱を象徴しています。

董卓が権力を握れたのは、圧倒的な武力とともに、董卓が霊帝の母、董太后の親戚だったからだとの説もあります。いずれにしろ洛陽に入り、献帝《けんてい》の後ろ盾となった董卓は、絶大な権力をもちます。軍事的にも経済的にも、一気に力を強めていきました。

常識や教養など一切ない董卓は、やりたい放題の恐怖政治を行いました。洛陽の富豪の金品を奪ったり、村祭りに参加していた農民を皆殺しにしたりするなど、悪逆非道なことを繰り返します。

そんな残虐で、傍若無人な董卓を嫌い、洛陽にいた武将は、どんどん洛陽から去っていきました。反発する勢力も、周囲にどんどん増えていきました。やがて各地で、打倒董卓の兵が挙がり始めます。そして董卓と対立し、洛陽から逃亡していた名門の袁紹を総大将にした反董卓軍が結成され、いよいよ董卓との戦いが始まるのです。

この戦いの大きな見せ場として、『三国志演義』では汜水関《しすいかん》の戦いが描かれます。この戦いでは、両軍が膠着《こうちゃく》状態となり、余興のようなかたちで、武将の一騎討ちが始まります。このようなことは、中国の昔の戦ではよくあったことです。項羽《こうう》と劉邦《りゅうほう》の時代にも、同じようなことをやっています。この時の戦いでは、それまで無名だった関羽《かんう》や張飛《ちょうひ》が大活躍し、その強さに多くの武将が驚きます。

でも二人以上に、圧倒的な強さを見せつけたのが呂布《りょふ》でした。彼が登場すると、多くの武将は、まったく打ち合いになりませんでした。ほぼ一撃で倒されてしまいました。張飛がなんとか太刀打ちしたものの、負けそうになります。そこで関羽が加勢に加わり、さらに劉備まで二刀流で助太刀に参加します。それでも呂布はまったくたじろぎません。三人がかりで何とかようやく、五分五分の戦いができたのです。呂布はまさに化け物のように強かったのです。

『三国志演義』ではこのシーンが、大きな見せ場になっています。史書の『三国志』では、この部分はそれほど詳しくは書かれていません。『三国志演義』は、小説なので、相当脚色が入っているのでしょう。そもそも『三国志演義』で別々の場所として描かれている汜水関と虎牢関は、本当は同じ場所です。汜水はこの地域を流れている川のことで、虎牢とはこの場所に、虎を入れる牢屋があったことから、この地をそう呼んでいたのです。

コラム　董卓は兵法に関しては勉強熱心だった？

董卓《とうたく》はとんでもない人間でしたが、戦《いくさ》ではなかなか面白いことをしています。

例えば、敵が川を渡ってこちらへ来なくてはいけないとき、上流に堰《せき》を築き、敵が渡ってきた時に堰を崩し、敵兵を流してしまう作戦を実行しています。

同じようなことを、秦《しん》末から前漢初期に、劉邦《りゅうほう》のもとで活躍した韓信《かんしん》が、濰《い》水《すい》の戦いで行っています。董卓もこのことを知っていて、作戦を立てたのかもしれません。その行動からは教養のかけらも感じさせない董卓ですが、兵法に関しては意外と勉強熱心だったのかもしれません。日本でも、真田昌幸《さなだまさゆき》と幸村《ゆきむら》父子が同様に、敵をおびきよせ、川の堰を切って流す作戦を実行しています。

呂布に掻き乱された一九〇年代

　呂布《りょふ》は現在の内モンゴル自治区にあたる、并《へい》州の出身です。その地域で一番強かった丁《てい》原《げん》という武将に気に入られ、養子になりました。しかしやがて、丁原と対立するのです。そして丁原の軍勢を奪おうと考えた董卓《とうたく》にそそのかされ、呂布は義父の丁原を暗殺します。その結果、丁原の兵は董卓軍に吸収されてしまいます。呂布は董卓から気に入られ、身辺警護などで重用されます。やがて養子にもなりました。

　このように武将としてはめっぽう強いものの、人間性に大きな問題がある呂布に、一九〇年代の中国の歴史はかき乱されました。それによって、その後の世界が決定づけられたといっても過言ではありません。
袁紹《えんしょう》ら、各地の刺史《しし》や太守が洛陽《らくよう》に向けて兵を動かし始めると、董卓は突然、献帝《けんてい》を伴い長安《ちょうあん》へ遷都《せんと》してしまいました。その際、洛陽の金持ちからお金を取り上げ、歴代皇帝の墓を暴《あば》いて財宝を奪いました。そのうえで宮殿や民家に火をつけ、洛陽の町全体を焼き払ってしまったのです。いわゆる焦土《しょうど》作戦です。

長安に移ってからも、董卓の傍若無人な振る舞いは続きました。そんな董卓に、これ以上権力を持たせ続けてはいけない。そう考える人間が、政権内部にも現れました。その一人が、弁州出身の司徒（教育、人事、土地、財貨を司る）、王允《おういん》です。彼は信頼できる友人や部下らと董卓暗殺の計画を練ります。その計画に、董卓の侍女との密通が発覚することを恐れていた呂布が乗り、一九二年に、董卓の暗殺を成功させるのです。

『三国志演義』では、自分が惚れた貂蟬《ちょうせん》という美女を董卓に奪われたことが要因で、呂布が董卓を殺したことになっています。貂蟬は小説のみに登場する架空の人物ですが、中国四大美女の一人です。

ちなみに残りの三人は、春秋《しゅんじゅう》時代、越王勾践《えつおうこうせん》の愛妾《あいしょう》で、策略のため呉王夫差《ごおうふさ》に献上された西施《せいし》。前漢《ぜんかん》の元帝《げんてい》の後宮から匈奴《きょうど》の呼韓邪単于《こかんやぜんう》に嫁いだ王昭君《おうしょうくん》。李瑁《りぼう》の妃で、その父親である唐《とう》の玄宗《げんそう》の愛妾にもなった楊貴妃《ようきひ》です。

呂布は政治にはあまり興味がなかったようです。董卓暗殺後は、王允が政治を取り仕切ることになりました。王允は董卓の一族を皆殺しにし、董卓派の文官を粛清します。その中には、高名な文人だった蔡邕《さいゆう》もいました。

蔡邕は、その才を董卓に買われ、董卓の指示で史書を書いていました。彼は董卓の人間性そのものは嫌悪していましたが、与えられた仕事には強いやりがいをもっていたようです。その仕事が継続できなくなるということで、董卓の死を残念がりました。すると「あれだけの大悪人が殺されて喜ばないのはなにごとか」と王允に咎《とが》められ、獄死させられてしまったのです。持っていた蔵書も、すべて焼かれてしまいました。

ちなみに蔡邕の娘、蔡琰《さいえん》も非常な博学で、大変文才のある女性でした。しかし彼女は、董卓の残党による乱のどさくさの中で、匈奴にさらわれてしまいます。そして一二年間、匈奴の側室として暮らし、二人の子どもを産みました。その後、そのことを知った曹操《そうそう》が、匈奴に財宝を与え、彼女を帰国させます。才能ある人物を愛する曹操は、蔡邕の後継者がいないことを惜しんだのです。

その後も曹操は、蔡琰の暮らしを支えました。そして蔡琰は、曹操の依頼に応え、蔡邕の蔵書四〇〇〇編を、記憶だけをもとに復元しました。その際、一文字も誤字脱字がなかったという、とんでもない才女です。またそんな才女を取り戻した曹操も、偉いと思います。

コラム

愛馬と武将の関係

呂布《りょふ》が乗っていた馬は、赤兎馬《せきとば》と呼ばれていました。「赤い毛色をもち、兎のように素早い馬」という意味です。もともと董卓《とうたく》が乗っていた馬で、呂布が養子になった時に譲り受けたのです。

毛が赤かったということは、汗血馬《かんけつば》をイメージします。本来はウズベキスタン辺《あたり》の中央アジアにいた馬です。かつて前漢《ぜんかん》の武帝《ぶてい》が、西方にものすごくよく走る馬がいるとの噂を聞き、西方から中国へ連れて来たことがあります。赤兎馬は、その末裔《まつえい》ではないかと言われています。

赤い馬に対して白い馬といえば、公孫瓚《こうそんさん》の白馬軍団が有名です。もともと公孫瓚の部下で、後に劉備《りゅうび》の配下に入った趙雲《ちょううん》も、白龍《はくりゅう》と呼ばれた白い馬に乗っていたと言われています。白い馬は本来、あまり走らない駄馬が多いのですが、彼らが乗っていたのは、選《え》りすぐりの白馬だったのかもしれません。

曹操《そうそう》の愛馬の名は絶影《ぜつえい》です。影が映らないほど速く走るという意味です。劉備は、額に白い模様がある的盧《てきろ》という馬に乗っていました。的盧は本来、乗った者が死を招く不吉な馬のことです。でもそんなことを気にせず乗っていたのが、劉備らしいところです。蔡瑁《さいぼう》に招かれた宴会で暗殺されそうになった時、劉備はこの馬のおかげで川を渡って逃げることができ、命を救われました。

献帝を擁した曹操が、天下に号令をかける

董卓暗殺後、董卓が涼《りょう》州から連れてきた李傕《りかく》、郭汜《かくし》、樊稠《はんちゅう》、張済《ちょうさい》といった将軍らは、長安から追い出されます。彼らはせっかく都まで上り詰めてきたのに、今さら田舎には戻りたくありません。そこでもう董卓がいないのだから「自分たちは降伏して王允《おういん》に従う」と特赦を願い出ます。それに対して王允は「そう何度も特赦は出せない」と拒みました。

そうなると彼らは、涼州に帰るしかありません。しかし、やはりおめおめと故郷には帰りたくはない。どうすればいいのか、と将軍らは困っていました。すると賈詡《かく》という参謀が、「とにかく一度長安を攻めましょう」と進言しました。「万が一、負ければ涼州に帰ればいいのだから、やれるところまで戦ってみよう」というわけです。そこでその進言に従い、戦うことにしました。するとなんと、涼州組の将軍らは、長安を奪取することに成功するのです。

そして王允は処刑され、呂布は長安から追い出されました。さすがの呂布も、一人では軍勢相手に戦えません。各地を放浪することになりました。ただしこのことが、その後の大混乱へとつながるのです。

ところで戦に勝った涼州組の将軍たちは、政治的な能力を全く持っていませんでした。残念ながら、国をうまく治めることができないのです。となると、必ず内部抗争が始まります。李傕と郭汜、樊稠との対立が深まり、樊稠が李傕に討たれました。

このような状況に嫌気が差した献帝《けんてい》は、李傕の部下だった楊奉《ようほう》らと、長安を抜け出てしまいます。それを迎え入れたのが曹操です。献帝は曹操の庇護のもと、中原の地へ帰還します。許《きょ》という町の仮御所に身を置き、その後も皇帝であり続けました。とはいえ実権は、庇護者である曹操に、完全に握られてしまいます。曹操は献帝を擁《よう》したことで、以降、天下に号令をかける大義名分を手にするのです。

裏切りの連続だった呂布を曹操が討つ

長安《ちょうあん》を出た呂布《りょふ》は、まずは董卓《とうたく》と敵対していた荊《けい》州北部の袁術《えんじゅつ》のもとを訪れます。しかし呂布を嫌っていた袁術は、呂布を追い払いました。次に呂布が向かったのが、袁紹《えんしょう》陣営です。袁紹はその時、張燕《ちょうえん》ら黒山賊《こくざんぞく》と戦っていました。そのため呂布は大きな戦力になると、受け入れられました。

しかしやがて、呂布の傍若無人な言動に袁紹は嫌気が差してきます。そして袁紹は呂布の暗殺をもくろんだりします。そのように袁紹との関係が悪化した呂布は、今度は曹操《そうそう》がいた兗《えん》州へ逃げ込みました。曹操は、呂布が多くの武将を連れてきたこともあって、とりあえず受け入れます。

ところがその後、ある事件が起きます。徐《じょ》州に疎開していた、元官僚の曹操の父、曹嵩《そうすう》が、徐州の兵隊に殺されてしまうのです。徐州牧《ぼく》の陶謙《とうけん》の命令で殺されたのか。それとも当時、隆盛していた天帝教《てんていきょう》を曹操が追い詰めたことの巻き添えを食ったのか。真偽のほどはわかりません。

いずれにしろ、激怒した曹操は、徐州に攻め込みました。この時、陶謙と同盟関係にあった公孫瓚《こうそんさん》が、援軍として送り込んだのが劉備《りゅうび》です。盧植《ろしょく》の塾で学んだ劉備は、公孫瓚の後輩であり、二人は仲が良かったのです。この時が、劉備と曹操の最初の対決となります。

そしてさらに事件が起きます。曹操が徐州に出兵している最中に、曹操の親友だった張《ちょう》邈《ぼう》と軍師の陳宮《ちんきゅう》が裏切り、呂布とともに反乱を起こすのです。彼らは大本営を乗っ取り、兗州のほとんどの郡県が、反乱軍側につきました。

曹操は、絶体絶命の窮地に陥ります。ところが追い込まれ、ピンチになるほど力を発揮するのが曹操です。やがて盛り返し、猛反撃に転じます。結局、呂布らはこの戦いに敗れ、今度は徐州を支配していた劉備のもとへ逃げこみました。まったく節操のない男です。ところが人のいい劉備は、こんな呂布を受け入れるのです。このような懐《ふところ》の深さが、劉備に人気がある理由でしょう。

当時、徐州の南にある揚《よう》州は、孫堅《そんけん》の後を継いだ孫策《そんさく》が治めていました。そして孫策と袁術が同盟関係を結び、劉備と対峙《たいじ》していました。やがて劉備と袁術の戦争が始まります。

するとその隙に、何と呂布が劉備軍を乗っ取ってしまうのです。戦国の世とはいえ、よくぞここまで何度も人を裏切ることができるものです。

呂布から攻撃された劉備はしかたなく、曹操のもとへ逃げました。そして頭を下げて、配下に入れてもらえるよう願い出るのです。

曹操の偉いところは、このように自分を頼って来た者を、拒絶しないことです。「わかった、とにかくこっちへ来い」と、劉備を呼び寄せました。その後、袁術と再び通じるようになった呂布がいる徐州を、曹操は大軍を率いて攻めました。ここで部下の裏切りもあり、呂布は戦に敗れます。捕縛され、一九八年、ついに曹操によって処刑されるのです。

コラム

公孫瓚と劉虞の戦い

劉備《りゅうび》と仲が良かった公孫瓚（盧植《ろしょく》の塾で先輩だった）は、幽《ゆう》州の豪族です。河北の支配権をめぐって度々、袁紹《えんしょう》と戦いました。同時に後漢の宗室で、幽州を統治していた劉虞《りゅうぐ》とも、対立していました。

劉虞は、献帝《けんてい》を擁する董卓《とうたく》に対抗するため、袁紹らが皇帝に担ごうとしたこともある人物です。穏健で礼儀正しい人格者でした。ところが北方民族への対応で、公孫瓚とは度々対立しました。公孫瓚は、あくまで武力で制圧しようとしますが、劉虞は北方民族との対話を重視し、融和策をとっていたのです。

そんな二人はある時、決定的な対立関係となり、大軍を率いて衝突しました。この戦いで公孫瓚が勝ち、劉虞は処刑されることになります。この時、公孫瓚はとんでもないことを言います。「皇帝になるほどの人物なのだから、お前には天の意志が働いているはずだ。これから火炙《ひあぶ》りにするから、雨を降らしてみろ」と。真夏なので当然、雨は降りません。劉虞はそのまま焼き殺されてしまいました。しかしこの行為により、公孫瓚の評判は一気に悪くなりました。

商売の神様として敬われる関羽

その後、曹操《そうそう》と劉備《りゅうび》の仲を引き裂く出来事が起きます。一九九年、献帝《けんてい》や董承《とうしょう》らによる、曹操の暗殺をもくろむクーデター計画が発覚するのです。その結果、曹操によって当時の文官のほとんどが粛清されてしまいました。劉備もクーデターへの加担を疑われ、曹操から攻撃されました。しかたがないので劉備は、袁紹《えんしょう》のもとへと逃げこみます。
ただこの時、劉備の妻の甘《かん》夫人と関羽《かんう》が、曹操に捕まってしまいます。曹操は、甘夫人を丁重に扱いました。そして関羽に、「劉備になどつかず、自分の部下になればもっといい待遇で迎え入れてやる」と持ちかけます。この部分は、小説の『三国志演義』にも、史書のほうにも書かれています。

しかし関羽は、そんな曹操の申し出を受け入れませんでした。「自分は劉備と義兄弟の契《ちぎ》りを結んでいるから、絶対にそんなことはできない」と断ったのです。そのうえで今、お世話になっている曹操への恩義も大切にし、「あなたのためにも働く」と申し出るのです。

そして二〇〇年、曹操と袁紹が戦った白馬津《はくばしん》の戦いに、関羽は参加しました。その後、両者が黄河《こうが》の畔《ほとり》で戦う官渡《かんと》の戦いの前哨戦ともいえる戦です。この白馬津の戦いで関羽は、袁紹の武将である顔良《がんりょう》と文醜《ぶんしゅう》の首をとりました。史実では顔良だけとなっていますが、この戦いで関羽が活躍したことは確かです。

その後、関羽は「恩義に報いるだけの活躍はしたので、もう劉備のもとに戻してほしい」と、首をはねられることも覚悟で、曹操に申し出ました。そんな関羽の忠義心に応え、曹操は関羽が劉備のもとへ帰ることを許したのです。

とはいえ劉備を保護している袁紹の部下は、仲間の顔良と文醜を討ち取った関羽を受け入れることには抵抗があったでしょう。しかし袁紹は、「あの状況ではしかたがない」と関羽の行動に理解を示し、許しました。そのため関羽は、劉備のもとに戻ることができたのです。

実はこのエピソードは、日本の中華街にもある関帝廟《かんていびょう》とも大きな関わりがあります。関帝廟は、皇帝でもない関羽を、皇帝と同じような敬意を込めて拝むものです。中国にもたくさんあります。なぜ関羽は未《いま》だにこれだけ尊敬されて、人気があるのでしょうか。そもそもなぜ、関羽は商売の神様になっているのでしょうか。

その秘密が、最後までお世話になった人間に信義を尽くし、約束を守りぬいた関羽のこの時のエピソードにあるのです。商売において、一番重要なのが信用です。そこでとことん信義を尽くした関羽を、中国の人々は商売の神様として深く尊敬し、拝んでいるのです。

関羽と同じくらい人気がある人物としては、諸葛亮孔明もいます。諸葛亮の人気も、彼が劉備にとことん信義を貫いた点にあるのでしょう。劉備の死後、暗愚な劉禅《りゅうぜん》が率いる蜀《しょく》を、諸葛亮が乗っ取ろうと思えば簡単にできたはずです。しかし彼は、絶対にそんなことはしませんでした。

そのように、最後まで信義を尽くしたところに、諸葛亮の人気の理由があるのです。ただ軍師の諸葛亮は、関羽のように武器をもって華々しく戦うことはありませんでした。そのため庶民には、関羽の人気のほうが高いようです。

軍閥が淘汰され、二大勢力の戦へ

これまで見てきたように、一九〇年代はまさに呂布《りょふ》によって中国中がひっかきまわされた時代です。それによって、さまざまな群雄が入り乱れた複雑な戦が繰り広げられました。

この時代、皇帝には何の力もありません。献帝《けんてい》は即位以来、ずっと実権をもつことがなかった気の毒な帝です。後漢《ごかん》という国は当時、政治的には、ほとんど機能していなかったのです。

この時代になると、地方の役所や軍隊は、中央政府の言うことなどほとんど聞きませんでした。給料を与えてくれるのは皇帝ではなく、地方の軍閥《ぐんばつ》だからです。当時は各地の軍閥が、それぞれ自分たちの国をもっているような状態だったのです。

とはいえ戦が長く続く中、やがて無数にあった軍閥が淘汰《とうた》されていきます。公孫瓚《こうそんさん》は河北の支配権をめぐって袁紹《えんしょう》と争っていましたが、晩年は追い詰められ、少し錯乱したような状態になります。暗殺を恐れたのか、高い櫓《やぐら》の上の楼閣《ろうかく》に、引きこもってしまいます。するると袁紹の兵がトンネルを掘り、櫓の足元をぐらつかせて、すべて倒してしまいました。そのうえで片っ端から櫓に火をつけます。行き場を失った公孫瓚は、最後に自害しました。

揚《よう》州を支配し、一度は皇帝を僭称《せんしょう》した袁術《えんじゅつ》も、惨めな最期を迎えます。同盟関係にあった孫策《そんさく》の離反や、曹操《そうそう》との戦で敗北したことで、一気に勢力を失っていきます。最後は病気になり、食糧も底をつきました。そして袁術は、「蜂蜜をなめたい」とのなんとも哀れな言葉を残し、この世を去っていったのです。

戦が長引くと物資が不足します。十分な物資を補給する手立てがない軍閥は、やがて衰退していきます。単に武に優れているだけでなく、物資をしっかり確保できる才覚をもった人物が、最終的には生き残れるのです。結局、一九〇年代の一〇年間で最終的に勢力を拡大したのは、袁紹と曹操でした。そして三国志の物語は群雄割拠《かっきょ》から、中原《ちゅうげん》の二大勢力の戦いという、新たなステージへと向かうのです。

曹操と袁紹が覇権をかけた官渡の戦い

中原（華北平原一帯）の二大勢力となった曹操《そうそう》と袁紹《えんしょう》。この二人が覇権をかけて戦ったのが、二〇〇年の官渡《かんと》の戦いです。この戦いで最終的に曹操が勝ち、北部をほぼ手中に入れます。またこの戦いをきっかけに、袁紹は没落していきます。

曹操は『三国志演義』では、独裁的で多くの民を虐殺した悪役として描かれています。これは『三国志演義』の原型となった説話や講談で、判官《ほうがん》びいき的な心情もあり、民衆が劉備《りゅうび》や諸葛亮孔明《しょかつりょうこうめい》に共感を寄せていたことの影響も大きいでしょう。しかし曹操が文武両面に非凡な才能を発揮し、有能な人物を見抜いて登用することに長《た》けた、傑出したリーダー、英雄だったことは間違いありません。現代ではそんな曹操を評価する論調も数多くあります。

そんな曹操は、前漢《ぜんかん》の二代目の丞相《じょうしょう》だった、曹参《そうしん》の末裔《まつえい》ということになっています。

ただ曹操は、もともと曹家の人間だったわけではありません。本来の先祖は、劉邦《りゅうほう》の馭《ぎょ》者《しゃ》をしていた夏侯嬰《かこうえい》です。つまり曹操は、もともと夏侯家の人間なのです。曹操の腹心の従兄弟が夏侯淵《かこうえん》、夏侯惇《かこうとん》という名だったのもそのためです。曹操にとっての夏侯淵、夏侯惇は、劉備にとっての関羽や張飛のような存在です。

曹操の先祖、夏侯嬰のエピソードで有名なのが、劉邦の長男、後の恵帝《けいてい》と長女を救った話です。劉邦は項羽との戦いで惨敗しそうになり、逃げる時に娘と息子を馬車から突き落としています。それを見て、その場で馬車を止め、二人を拾い上げて連れて行ったのが夏侯嬰なのです。ちなみにこの時、劉邦が子どもを突き落とした理由には二説あります。一つは人質として項羽に渡そうとした、もう一つは奥さんの呂后《りょごう》が浮気してできた子どもで自分の子どもではなかったから、というものです。

曹操の祖父は曹騰《そうとう》です。彼は悪事を働いたのか、少年時代に宦官《かんがん》にされています。しかし当時、皇太子だった順帝《じゅんてい》のお気に入りとなり、宮廷で力をもちました。宦官の曹騰には当然ながら、子どもはいません。そこで夏侯家から、養子をとったのです。それが曹操の父、曹嵩《そうすう》です。彼は曹操とは異なり、慎ましく、忠孝を重んじたと言われています。

いずれにしろ祖父が宦官の大物だったことは、曹操の人生にさまざまな影響を与えました。史料を読むと「宦官の家系だ」と悪口を言われ、曹操が怒って攻めていく、といった記述を度々目にします。

曹操と袁紹の戦いは、最終的には曹操が勝ちました。ただもともとは、軍事的にも経済的にも、袁紹のほうが有利だったのです。まずは兵士の数において、名門の袁紹軍のほうが、曹操軍より圧倒的に多かったのです。さらに袁紹には周囲に敵がおらず、攻めに専念することができました。

いっぽう曹操は、四方八方に敵が存在しました。常にそれらに対する警戒を怠ることができません。とくに袁紹との戦いに気をとられていると、東南の孫権《そんけん》から、背後を襲われる危険性がありました。

西南には荊州牧《ぼく》の劉表《りゅうひょう》もいました。彼はどちらかというと袁紹側の人間でした。ただ劉表は平和主義者で、戦争はなるべく避けたいと考えていたようです。そのため結果的に、官渡の戦いに本格的に関わることはありませんでした。彼がもしこの戦いに参加していれば、袁紹が一段と有利になり、結果は大きく変わっていたでしょう。

コラム

孫策は呪いによって殺された？

官渡《かんと》の戦いが始まった二〇〇年、呉の孫策《そんさく》が亡くなっています。孫策は容姿端麗で、快活な好男子だったようです。彼は父の孫堅《そんけん》が亡くなった後、袁術《えんじゅつ》と誼《よしみ》を通じます。その後、独立して江東へと勢力を拡大し、最終的には江南の大部分を支配下に治めました。しかしある時、滅《ほろ》ぼした許貢《きょこう》の食客たちに襲われます。その傷が原因で、二十六歳の若さで亡くなりました。そしてその後を、孫権《そんけん》が継ぐのです。

孫策の死については、于吉《うきつ》の呪いだとの噂がありました。于吉は道士で、病気の治療などを行い、庶民から篤《あつ》く信仰されていました。民から熱烈に崇拝されている于吉に嫉妬したのか、孫策は于吉に難題を押し付け、言いがかりをつけて斬《き》り殺してしまいます。『三国志演義』では、許貢の食客に斬られた孫策の傷はたいしたことはなかったのに、于吉の霊が毎晩、孫策の寝床に現れ、傷を悪化させ、死へ至らしめたことになっています。于吉は黄巾《こうきん》の乱の張角《ちょうかく》と通じていたとも言われています。

圧倒的に不利な曹操軍が勝った理由

官渡《かんと》の戦いで、圧倒的に不利だった曹操《そうそう》が勝てたのはなぜなのでしょうか。一つには、精神的な要因が大きかったのだと思います。当時、曹操は後漢《ごかん》最後の帝、献帝《けんてい》を擁していました。そのため曹操軍には、自分たちこそ正規軍だ、自分たちこそ正義だとの強い自負があったのです。それが武将の精神的な支えとなり、本来もっている以上の力を発揮できた面があると思います。

戦争といえども、大義名分は非常に重要です。よって基本的には、錦《にしき》の御旗《みはた》をもつほうが力を発揮でき、強くなるのです。日本の幕末でも、岩倉具視《いわくらともみ》の支持を得て錦の御旗をもった薩摩軍は、途端に強くなりました。

さらに勝負を決したのが、両軍の作戦、そして人の使い方の巧拙《こうせつ》です。袁紹《えんしょう》は部下の扱い方が拙劣でした。そのため部下から信頼を得ることができませんでした。また袁紹軍内部には常に対立があり、足並みが揃っていませんでした。

袁紹軍は最初から、短期決戦派と兵糧攻めの持久戦派とで、内部が二分されていました。官渡は要害で、地の利は曹操にありました。しかし物資や食糧の確保においては、袁紹のほうが圧倒的に有利だったのです。ですからもし袁紹が、曹操軍の周りを取り囲み、外から物資が入らないようし、持久戦で臨めば、勝っていたかもしれません。

ところが気が短い袁紹は、短期決戦を選んでしまいました。初戦では袁紹の大兵力に押され、曹操陣営はやむなく砦《とりで》に籠《こ》もります。それに対して袁紹は、公孫瓚《こうそんさん》との戦いでやったように、トンネルを掘って曹操軍の城壁を役立たずにしようとします。

それに対し、曹操側も塹壕《ざんごう》を掘って抵抗しました。壺に水を入れて置いておくと、トンネルを掘る作業によって水に衝撃が走ります。それをもとに、敵が掘っている場所に見当をつけます。そのうえで塹壕を掘り、毒ガスを送るのです。といっても、湿った木を燃やして出た煙を吹子《ふいご》で送る、原始的なものです。それでも効果は絶大で、それによって袁紹側はトンネルが掘れなくなり、膠着《こうちゃく》状態になりました。

そこで次に袁紹は、大きな櫓《やぐら》を立てました。その上から曹操陣営内に弓を射ち込むのです。この攻撃には、曹操も苦しめられました。それでも曹操側は、今度は霹靂車《へきれきしゃ》（石投げ機）をつくって対抗します。高い台座の上にシーソーのようなものを置き、取手（力点）側に綱を垂らして、それを人が引っ張って石を飛ばすのです。この攻撃によって、袁紹側陣地の櫓を全部破壊し、攻撃を止めさせることに成功しました。

とはいえ戦いは、この後も一進一退の状況が続きます。ただ戦いが長引くにつれ、両軍とも食糧をいかに補給するかが重要な問題となってきます。そして両軍は、たびたび相手の輸送部隊を攻撃するようになります。その結果、もともと兵糧の確保で不利だった曹操軍は、食糧不足に陥り、追い詰められていきました。

コラム　曹操の五虎将

曹操《そうそう》軍の強さの秘密は、曹操という圧倒的な能力をもつリーダーのもと、優秀な武将がたくさん揃っていたところにあります。中でも数々の戦いで戦功をあげ、曹操の躍進に貢献したのが、五虎将軍と呼ばれる張遼《ちょうりょう》、楽進《がくしん》、張部《ちょうごう》、徐《じょ》晃《こう》、于禁《うきん》の五人です。

張遼は、前漢の時代に武帝《ぶてい》のもとで働き、前一三三年の馬邑《ばゆう》の役で一役買った聶壱《じょういつ》の子孫だと言われています。かつては丁原《ていげん》の部下でした。その後、董卓《とうたく》、呂布《りょふ》、曹操と仕え、数々の武勲をあげました。

楽進は、古くから曹操とともに戦ってきた武将です。闘志の塊のような男で、小柄だが肝が座っています。多くの戦いで、一番乗りの戦功をあげました。

張郃は、もともと袁紹《えんしょう》の部下でした。しかし官渡の戦いの後、曹操の配下に入ります。後に街亭《がいてい》の戦いで馬謖《ばしょく》の陣の弱点を見抜き、打ち破ります。

徐晃は、献帝《けんてい》が長安を脱出し、曹操の元に身を寄せた頃から曹操に仕えています。官渡の戦いをはじめ、多くの戦で力を発揮しました。

于禁は勇敢で真面目な気性の名将です。官渡の戦い以前からの武将で、数々の戦いで功績をあげました。ただ樊城《はんじょう》の戦いで関羽《かんう》の捕虜となり、その後は孫権《そんけん》に捕らえられるなどし、晩節を汚しました。

部下の度重なる裏切りで袁紹の敗北に

官渡《かんと》の戦いで曹操《そうそう》が兵糧《ひょうろう》不足のピンチに陥った時、状況を大きく変えてくれたのが、袁紹《えんしょう》の部下です。参謀の許攸《きょゆう》が寝返ったのです。許攸はそれまでも袁紹と相性が悪く、度々衝突してきました。その許攸が袁紹を見限り、曹操軍に投降してきたのです。

彼は曹操への手土産として、食糧庫が烏巣《うそう》という場所にあることを伝えます。その防衛が手薄なことも教えました。曹操側は、もちろんその話をそのまま信じるわけにはいきません。とはいえ他に、事態を打開する方法はありません。そこでとにかくやってみようと、食糧庫への急襲を実行しました。すると許攸が言っていたことは本当でした。曹操らは、袁紹軍の食糧を全部焼き払います。

この思わぬ攻撃に、袁紹軍は驚き、混乱しました。武将たちは、ただちに烏巣の救援に向かうべきだと言う者と、あくまで曹操軍の本陣を正面突破で攻めるべきだとの、二つの意見に分かれます。この時、袁紹軍にいて、後に曹操の五虎将となる張郃《ちょうこう》は、烏巣の救援を主張していました。

しかしそんな張部に、袁紹は曹操の本陣を強襲せよとの命令を出します。曹操からの思わぬ攻撃に、袁紹は混乱していたのかもしれません。命令に従い、本陣を攻めて勝っても、張部は自分の意見が間違っていたと証明することになってしまいます。こんなおかしな命令を出す袁紹とは、とてもじゃないけれど一緒にやっていけない。張部はきっとそう考えたでしょう。そして今度は、張部まで袁紹を見限り、曹操軍に投降してしまうのです。その結果、袁紹軍は大混乱に陥り、河北へと敗走する羽目になるのです。

袁紹はその後、完全に落ち目になっていきます。あれだけ大勢で攻めても曹操に勝てず、おめおめと逃げ帰ってきたわけですから当然です。そんな袁紹を見限り、離反していく武将が増えていきました。優れた武将を惹きつける人間的魅力と度量をもった曹操に対し、袁紹は名門出身というだけで、人望はありませんでした。そのことも、袁紹軍が負けた大きな要因です。

後継者争いのすえ、滅ぼされた袁氏

袁紹《えんしょう》はそれから二年後の二〇二年に病気で亡くなります。袁紹には三人の息子がいました。しかし袁紹は、後継者を指名していませんでした。そのため三人のうち、誰が後継者になるかで争いが起きます。次男の袁熙《えんき》は、暗愚な人物でした。そのため長男の袁譚《えんたん》を支持する者と、三男の袁尚《えんしょう》につく者とで内部争いが始まります。

そのような後継者が決まらない袁家の前線基地、黎陽《れいよう》を曹操が攻撃します。袁譚と袁尚はやむなく、ともに戦いました。曹操との戦いは一進一退ありながらも、やがて袁譚と袁尚の対立が激しくなり、二人は完全に決裂します。あげくの果てには、袁譚と袁尚が戦うようになります。

そして袁尚の攻撃に追い詰められた袁譚が、曹操に降伏しました。そして曹操の息子の曹整《そうせい》と袁譚の娘が結婚し、同盟関係を結びます。いっぽうで袁尚は、自分の支持者を集め、曹操との対立姿勢を強めました。

二〇四年には曹操が、袁尚の本拠地である鄴《ぎょう》を攻め落とします。この時、曹操の息子の曹丕《そうひ》が乗り込み、袁熙の正妻の甄《しん》夫人を、無理矢理自分の妻にします。甄夫人は華北一と言われた美女でした。曹丕は後に魏《ぎ》の初代皇帝となりますが、やがて甄夫人への愛情が薄れ、ささいなことで自殺に追い込んでしまいます。

袁尚が鄴を捨てて逃走した後、袁譚は袁尚の兵を手中に収め、勢力を増していきます。

すると曹操は、盟約違反だと言って、曹整と結婚していた袁譚の娘を送り返し、袁譚を攻撃しました。そして袁譚は、曹純《そうじゅん》に殺されてしまいます。

いっぽう袁尚と袁熙は、曹操から逃げ回り、遼東《りょうとう》半島の公孫康《こうそんこう》に保護を求めました。しかし曹操を恐れる公孫康は、二人を匿《かくま》ってもしかたがないと考えます。そこでいったん迎え入れたうえで、二人の首を切り、曹操に差し出してしまうのです。そして最終的に、袁紹の領土は、すべて曹操のものになったのです。

并《へい》州を平定した曹操はその後、海賊を退治します。それは海賊を捕虜にして、自分たちの武力として活用することが目的だったようです。当時、曹操はすでに南下して、水軍戦をやることを想定していたのでしょう。それこそが三国志前半のクライマックスといえる赤壁《せきへき》の戦いです。

ここで曹操の後継者について、少し触れておきましょう。結果的に曹操の後を継《つ》ぎ、魏の皇帝になったのは曹丕です。ただ実は、もともと曹操が後を継がせたかったのは、別の人物です。曹丕の異母弟である曹沖《そうちゅう》です。曹沖は、幼い頃から聡明でした。冷酷だった曹丕と違い、心根も優しい人物でした。そんな曹沖の賢さを示す有名なエピソードがあります。

あるとき孫権《そうけん》から、曹操に象が贈り物として届けられました。その宴会の席で、曹操は家臣に象の重さをどう量《はか》ればよいかと尋ねました。誰も答えられない中、少年の曹沖が次のように答えました。象を船に乗せ、沈んで水の跡がついたところへ印をつける。その後で、印の位置に船が沈むまで石を乗せる。その石全部の重さを足せば、象の重さになる。その答えに、一同は唸《うな》りました。

そんな曹沖を、曹操は溺愛していました。しかし残念ながら、曹沖は赤壁の戦いの少し前に病で亡くなります。この時、名医だった華佗《かだ》を処刑してしまっていたことを、曹操は心から後悔したと言います。もし曹沖がその後も生きていたら、彼が曹家の統領《とうりょう》となり、曹丕の代わりに皇帝になっていた可能性もあります。もしそうであれば、三国時代以後の歴史は、まったく別のものになっていたでしょう。

コラム　三国時代の医師

三国時代に活躍した代表的な医師といえば、華佗《かだ》、董奉《とうほう》、張仲景《ちょうちゅうけい》の三人が挙《あ》げられます。華佗は曹操《そうそう》を幼少期から知っていました。曹操が喧嘩《けんか》をして怪我をしたときなど、よく診《み》てやっていたようです。大人になった曹操は、偏頭痛に悩まされていました。御用医師になっていた華佗は、偏頭痛を治しましょうと申し出ます。彼は麻沸散《まふつさん》という麻酔薬を発明したと言われています。麻《あさ》を加工して麻酔として使い、外科手術をしていたようです。

　そこで曹操の頭を切り開き、頭痛の原因を取り除こうと考えたのでしょう。ところが当時の中国では、外科手術などほとんど行われていません。また当時、医師の社会的地位は高くありませんでした。そこで曹操は「お前は俺を暗殺するつもりだろう」と怒り、華佗を処刑してしまうのです。もし華佗が生きていたら、現在の中国の医学は、今とはまったく違ったものになっていたかもしれません。

　董奉は山中に住み、どんな病人も無料で診療していました。治療代の代わりに、彼は患者に杏子《あんず》の樹や株をもってきてもらっていました。それを植え、林をつくり、杏子の種、つまり杏仁《きょうにん》の研究をしていたのです。杏仁には咳止めや喘息《ぜんそく》、便秘などへの効果があると言われています。彼は杏仁を薬として使っていたのでしょう。杏林《きょうりん》製薬や杏林《きょうりん》大学などの名称も、この故事が由来です。

張仲景はもともと官僚でしたが、疫病で亡くなる人が多いことに心を痛め、医学を学んで医師になりました。彼が書いた『傷寒論《しょうかんろん》』は、漢方医学で最も重要な文献と言われています。張仲景はチフスの研究もしていたと言われており、その功績から医聖と呼ばれています。

孔明との出会いと天下三分の計

官渡《かんと》の戦いが始まった頃、劉備《りゅうび》は謀反を疑われた曹操《そうそう》に急襲され、袁紹《えんしょう》陣営に逃げ込んでいました。袁紹に受け入れられたとはいえ、劉備はそれまで敵の曹操陣営にいたわけです。そのため袁紹陣営では、冷遇されていました。再び曹操側へ寝返ることを恐れられ、前線には出してもらえませんでした。そこで劉備らは、袁紹が劉表《りゅうひょう》と同盟を結ぶための連絡係を担います。

いっぽう、戦で暴れたくてしかたがないのが張飛《ちょうひ》です。そこで彼は、曹操の故郷のほうまで出かけて、攪乱《かくらん》戦を行いました。そのとき張飛は、夏侯《かこう》氏の娘を略奪してきました。

当時はよくある話です。ただ張飛は、この女性をただ慰《なぐさ》みものにするのではなく、きちんと奥さんにし、大切に扱いました。この時さらった妻との間にできた娘二人が、後に劉備の息子の劉禅《りゅうぜん》の妻となり、蜀《しょく》の皇后（姉妹とも）になるのです。

官渡の戦いの後、劉備は荊《けい》州の劉表のもとに身を寄せていました。城を与えられ、ときおり戦はしていたものの、領土拡張に興味のない劉表のもとで、力を持て余していたようです。今のような居《い》候《そうろう》状態から抜け出し、自分の領土を確保するには優秀な参謀が必要だ、と考え始めます。

そんな劉備はやがて、徐庶《じょしょ》から諸葛亮《しょかつりょう》孔明《こうめい》を紹介されました。諸葛亮は当時、荊州で晴耕雨読の生活をしていました。劉備は徐庶に、諸葛亮を自分のところに連れてくるよう頼みます。しかし徐庶は、「孔明は自分が呼んで来るような男ではない」と断ります。そこで劉備が諸葛亮の家を訪れ、有名な「三顧《さんこ》の礼」により、軍師として迎え入れるのです。

『三国志演義』では、諸葛亮は劉備がどこまで本気なのか、その熱意を確かめたくて、居留守を使っていたのだということになっています。しかし私は、単に本当に留守だっただけではないかと思っています。当時は電話やメールのような連絡手段はありません。アポもとらず突然、訪問するしかありません。よって何度か訪れても相手が留守だった、ということはごく自然なことだと思います。

当時、劉備は四十七歳、諸葛亮が二十七歳です。親子ほど年の離れた二人でした。しかしこの二人は、後に「水魚《すいぎょ》の交わり」ともいわれる、互いになくてはならない信頼関係で結ばれます。この時、劉備が諸葛亮を軍師に迎え入れることに成功したことは、非常に大きな出来事です。仮に曹操が諸葛亮を軍師にしていたら、その後の歴史はまったく異なるものになっていたでしょう。

劉備は諸葛亮から、天下をとるうえで重要な戦略を教えてもらいます。それが「天下三分の計」です。曹操は当時、三つの勢力を合わせた全体の半分、五割の力をもっていました。残りの二割が劉備で、三割が呉《ご》の孫権《そんけん》です。この状態で、むやみに曹操や孫権と戦っても、劉備が負けることは明らかです。そこでまずは、荊州と益《えき》州を手にいれて、天下を三分割する。そのうえで天下を目指すべきだと、孔明は言うのです。そこでまずは、荊州を自分たちの領土にすることが、劉備らの最初の目標となりました。

コラム

諸葛亮孔明の正しい呼び名は？

現代の私たちは諸葛亮《しょかつりょう》孔明《こうめい》のことを「諸葛亮」「孔明」「諸葛孔明」など、さまざまな呼び方をします。どれも間違いではありません。諸葛亮孔明のうち「諸葛」が姓、「亮」が名、「孔明」が字《あざな》です。劉備《りゅうび》玄徳《げんとく》の場合は、「劉」が姓、「備」が名、「玄徳」が字です。

字とは普段、その人を呼ぶときの通称のことです。漢字文化圏では一般的に、実名を敬遠する習慣があります。とくに昔は、本名で人を呼ぶことはとても失礼なこととされていました。日本でも平安時代などに、貴族を呼ぶのに「三条」「四条」などと住んでいる場所で表現していました。「三国志」の世界でも普段、関《かん》羽《う》は「雲長《うんちょう》」、張飛《ちょうひ》は「翼徳《よくとく》」、趙雲《ちょううん》は「子龍《しりゅう》」と呼ばれていました。もちろん正式な文書では「関羽」「張飛」「趙雲」といった実名が使われています。

曹操の南下から逃げ続けた劉備

さて劉備《りゅうび》が身を寄せ、「天下三分の計」の最初のとっかかりとなる荊《けい》州では、二〇八年に劉表《りゅうひょう》が病気で亡くなります。その結果、ここでも長男の劉琦《りゅうき》と次男の劉琮《りゅうそう》による相続争いが起きました。劉琦は聡明で親孝行だったため、劉表にとても愛されていました。しかし劉琮の後ろ盾だった父の後妻の蔡《さい》夫人や、重臣の蔡瑁《さいぼう》らから敵視されます。身の危険を感じた劉琦は、劉備と組むことにします。いっぽう家督を相続した劉琮は、当初は徹底抗戦を唱えていたものの、曹操《そうそう》がいざ直前まで攻めてくると、あっさり降伏してしまいました。いっぽう劉琦は、長江を渡って南へと逃げました。

諸葛亮は劉備に、劉琮を討って荊州を自分たちのものにするよう進言します。しかし劉備は劉表への恩義もあり、その案を受け入れませんでした。一方の曹操は、荊州へとどんどん攻めてきます。そこで劉備はしかたなく、逃亡します。

この時、劉備は荊州の農民十数万人を連れて逃げました。歩みの遅い民間人とともに逃げるなど、現在の軍事専門家に言わせれば、ありえない行為です。しかしこのことは、史書の『三国志』にも書かれています。劉備がなぜ農民を連れて逃げたのか。その真意はよく判《わか》りません。農民が勝手に劉備を慕ってついて来たのかもしれません。いずれにしろこのようなエピソードが、劉備の人気の理由となっていることも間違いありません。いずれにしろ農民と一緒の逃亡では、曹操軍にあっという間に追い付かれてしまいました。そして騎兵隊から攻撃され、大きな被害を受けます。そのさなか、劉備は甘《かん》夫人と息子の阿斗《あと》を馬から落とし、自分だけ逃げていきます。

このエピソードは、少し前に紹介した劉邦《りゅうほう》の話とよく似ています。この二人には何かと似たような話があるのです。ともに背が高く、頼りないのに、なぜか人望がある点もそっくりです。劉備が劉邦の末裔であることを強調するために、史書でわざと似せて記述したのかもしれません。

劉邦が子どもを見捨てた時は、夏侯嬰《かこうえい》が助けましたが、この時は劉備が捨てた甘夫人と阿斗を、趙雲《ちょううん》が救いました。また張飛《ちょうひ》らが殿《しんがり》を務め、捨て身の時間稼ぎをし、劉備はなんとか夏口《かこう》へ逃げ切ることができたのです。そして関羽の軍と合流し、さらに劉琦とも合流します。この曹操の南下から、劉備らが逃げ延びた一連の戦いを、長坂《ちょうはん》の戦いといいます。

その後、劉備は呉《ご》と軍事同盟を結び、孫権《そんけん》とともに曹操の南下に対抗します。このような激流の中で、三国志最大の見せ場である赤壁《せきへき》の戦いが始まるのです。

コラム

劉備は本当に中山王劉勝の末裔なのか？

劉備《りゅうび》が一時期、身を寄せていた荊《けい》州の劉表《りゅうひょう》は、若い頃から儒学を熱心に勉強し、人望も篤《あつ》い人物でした。優れた人材を集め、政治も巧みだったため、荊州は劉表によって急速に発展しました。劉表が行き場のない劉備を受け入れたのは、同じ劉氏ということも影響していたでしょう。劉表は、前漢の景帝《けいてい》の末裔《まつえい》ということになっています。確証はありませんが、私は劉表の人間性からして、おそらくそうなのではないかと思っています。

一方の劉備が武帝《ぶてい》の異母兄、中山王劉勝《ちゅうざんおうりゅうしょう》の末裔だというのは、かなり怪しいと思っています。劉勝はなんと、子孫眷属《しそんけんぞく》が一二〇人以上もいたと言います。諸侯王は行政権を奪われていて、他にすることがなかったのでしょうが、よくぞここまでつくれたものです。

一二〇人以上の子どものそのまた子ども……と何世代か過ぎれば、その子孫は数えきれないほどになります。勝手に子孫を名告っても、本当か嘘かなど、誰にも判りません。当時は王や帝の子孫を勝手に名告《なの》り、家系図をでっち上げる輩《やから》がたくさんいました。劉備がそうでなかったと言い切れる証拠は、どこにもありません。

官渡の戦い図

袁紹《えんしょう》
袁譚《えんたん》・陳琳《ちんりん》・許攸《きょゆう》・郭図《かくと》
高覧《こうらん》・張郃《ちょうこう》・呂曠《りょこう》
【中軍】
沮授《そじゅ》
【右軍】
文醜《ぶんしゅう》・劉備《りゅうび》
【騎前鋒】
淳于瓊《じゅんうけい》
【左軍】
顔良《がんりょう》・馬延《ばえん》
【前鋒】
袁紹軍
曹操軍
鄴《ぎょう》
蕩陰《とういん》
并州《へいしゅう》
冀州《きしゅう》
臧覇《ぞうは》
黎陽《れいよう》
程昱《ていいく》
鄄城《けんじょう》
濮陽《ぼくよう》
汲《きゅう》
白馬津《はくばしん》
劉延《りゅうえん》
兗州《えんしゅう》
于禁《うきん》
延津《えんしん》
黄河《こうが》
陽武《ようぶ》
陳留《ちんりゅう》
済水《さいすい》
敖倉《ごうそう》
官渡《かんと》
夏侯惇《かこうとん》
孟津《もうしん》
洛陽《らくよう》
張繡《ちょうしゅう》
曹操《そうそう》
関羽《かんう》・張遼《ちょうりょう》・徐晃《じょこう》
許褚《きょちょ》・郭嘉《かくか》・荀攸《じゅんゆう》
陽城《ようじょう》
司隷《しれい》
睢水《すいすい》
曹仁《そうじん》
陽翟《ようてき》
許《きょ》
豫州《よしゅう》
楽進《がくしん》
荀彧《じゅんいく》・李典《りてん》
蔡陽《さいよう》
潁水《えいすい》
荊州《けいしゅう》
李通《りつう》
満寵《まんちょう》
宛《えん》
曹洪《そうこう》
汝南《じょなん》

第二章

赤壁の戦いから五丈原の戦いまで

曹操軍と孫権、劉備の連合軍による赤壁の戦い

二〇八年、いよいよ赤壁《せきへき》の戦いが始まります。天下統一を目指して南下してきた曹操《そうそう》と、孫権《そんけん》と劉備《りゅうび》の連合軍が戦い、連合軍側が勝った戦いです。この戦いにより、勢いに乗っていた曹操による中国統一は、ひとまず阻止されます。

そしてその後、魏《ぎ》、呉《ご》、蜀《しょく》の三国が誕生する契機となるのです。さらにここから三つの勢力による、熾烈《しれつ》な戦いが繰り広げられることになります。赤壁の戦いは、映画や小説などでも度々描かれてきた、三国志前半のクライマックスともいえる華々しい戦いです。

官渡《かんと》の戦いで袁紹《えんしょう》に勝ち、中国北部の覇者となった曹操は、次に南の荊《けい》州に攻め込みます。この地に割拠していた劉表《りゅうひょう》は、官渡の戦いで袁紹の救援要請に応じず、劉備を受け入れ、曹操への備えとしていました。そして曹操が荊州への侵攻を進めた直後に亡くなります。その後、家督を継いだ息子の劉琮《りゅうそう》は曹操に降伏し、兵は曹操に吸収されてしまいます。

そんな曹操軍に、呉の孫権側は、強い脅威を感じていました。皇帝を擁し、二〇万もの

曹操軍に対し、孫権軍五万の文官や武将の中には降伏を主張する者もいました。

確かに、人数的には二〇万対五万と、連合軍側は圧倒的に不利な状況でした。とはいえ、曹操軍にも弱点がありました。孫権軍は、この地域での水軍戦の経験を豊富に持っています。それに対して曹操は、もともと水軍を持っていません。急拵《きゅうごしら》えで海賊を兵にはしたものの、多くの兵は水軍戦に慣れていませんでした。曹操側には土地勘もありません。また曹操軍の兵の多くは、最近まで袁紹や劉表のもとにいた者の寄せ集めです。すべての兵が、本心から曹操に従っているわけではないのです。

そこで呉の武将の魯粛《ろしゅく》や周瑜《しゅうゆ》らは、自分たちに充分勝ち目はあると考えました。そして魯粛は、劉表の死後、劉備に会い、劉備と同盟して曹操と戦いたいとの考えを伝えます。劉備や諸葛亮《しょかつりょう》はそれを喜び、受け入れました。そのうえで魯粛は、孫権に曹操と戦うよう説得するのです。

『三国志演義』ではこの部分において、諸葛亮が大きな役割を果たしたことになっています。当時、呉では圧倒的に勢力を拡大していた、曹操への降伏を唱える者が増えていました。そこで諸葛亮は、魯粛とともに孫権のもとを訪れます。そして決戦をなかなか決断できない周瑜と孫権を、説得するのです。

その際、諸葛亮は「曹操が二喬《にきょう》（実際には橋姓）を自分のものにしたいと言っている」と伝えます。二喬とは、周瑜の妻の小喬と、その姉で、孫策《そんさく》の妻である大喬の美人姉妹のことです。そのことに周瑜が激怒しました。そして周瑜が抗戦を強く主張し、孫権も開戦を決断した、ということになっています。

赤壁の戦いにおいて、まず曹操軍は、長江《ちょうこう》北岸の烏林《うりん》に陣を敷きました。いっぽう、孫権と劉備の連合軍は、南岸の赤壁に陣営を構えます。曹操軍は数が多いので、長期戦でじっくり攻めようと考えたようです。何十もの楼船を鎖でつなぎ合わせ、大きな陣地のようにして、相手の出方を窺《うかが》っていました。それに対して、軍勢が圧倒的に少ない連合軍側から戦を仕掛けることは難しい。そこでしばらく、両軍の睨《にら》み合いが続きました。

軍略と智謀で曹操軍が敗れる

最終的に戦いの決着をつけたのは、孫権《そんけん》軍の黄蓋《こうがい》が提案した火攻めでした。油をかけた薪《まき》をのせた船で突撃し、曹操《そうそう》の船団を焼き尽くしてしまおうというのです。この攻撃は、見事に成功しました。鎖で連結されていた曹操軍の船は逃げることができず、大混乱に陥ります。その状況下で連合軍が一気に攻め込みました。曹操軍は大きな被害を出しながら、退散するしかありませんでした。

この戦いで、曹操軍が負けた大きな要因として、風土病もあげられます。史書には、曹操軍の多くの兵が、疫病で亡くなったと書かれています。当時、曹操軍の兵の間では、風土病が蔓延《まんえん》していたようです。チフスや腸カタルで亡くなった兵も多くいたようです。川の貝を食べた兵が、食中毒を起こしたりもしていたようです。現在の研究によると、寄生虫にやられたのではないかと言われています。

以上が史書からわかる、赤壁の戦いの様子です。『三国志演義』でも、大まかな流れは同様です。ただ『演義』のほうでは、周瑜《しゅうゆ》と孔明《こうめい》による軍略と智謀が、より詳細に、ドラマティックに描かれています。

例えば、そもそもなぜ曹操軍は、船同士を鎖でつないでいたのでしょうか。これについては、周瑜による策略だったということになっています。周瑜は、諸葛亮《しょかつりょう》と並ぶ智者の龐統《ほうとう》を、曹操軍に送り込みます。そして船同士を鎖でつなぐ「連環《れんかん》の計」を進言させるのです。これは兵の船酔いを防ぐためと言いながら、実は火を放った際に、船が簡単に逃げられないようにする謀略だったのです。

さらに火攻めの際には、黄蓋が降伏を装い、小船で曹操の船に近づきました。その際、事前に黄蓋は、わざと皆の前で周瑜を批判します。そして怒った周瑜により、棒叩《ぼうたた》きの刑に処されるのです。そのことを、あえて曹操の間者《かんじゃ》に報告させ、黄蓋の寝返りを曹操に信じ込ませたのです。いわゆる苦肉《くにく》の策を使ったわけです。このような謀略や心理戦が、本当にあったかどうかはわかりません。ただこのあたりも、赤壁の戦いの大きな魅力になっています。

『三国志演義』では、孔明の智謀が後に自分たちの災いになることを恐れ、周瑜が孔明に難題を押し付け、処分しようともくろみます。有名なのが、十万本の矢のエピソードです。ある日、周瑜は孔明に「十万本の矢をただちに集めるよう」依頼しました。そんな無理難題を、孔明は快諾《かいだく》します。

そして小さな船に藁《わら》人形をたくさん置き、霧が出ている日、敵陣近くへ向かいました。曹操軍は、相手が攻めてきたと思い、無数の矢を放ちました。戻ってきた孔明は、藁人形に刺さった矢を周瑜へと差し出すのです。

このシーンは映画『レッドクリフ』をはじめ、さまざまな小説等でも描かれてきた三国志を彩る名場面です。ただ史書には「十万本の矢」のことは書かれていません。羅貫中《らかんちゅう》がフィクションとして作りあげたものだとすれば、素晴らしい演出だと思います。

荊州で勢力を伸ばす劉備

孔明《こうめい》や周瑜《しゅうゆ》らの知謀もあり、劉備《りゅうび》らは赤壁《せきへき》の戦いに勝利しました。しかし勝ったとはいえ、あくまで防衛に成功しただけです。曹操《そうそう》の侵略を防いだだけで、領土などの戦利品があったわけではありません。

当時、孫権《そんけん》の呉《ご》はすでに領土のある地方軍閥として成立していました。魏《ぎ》はまだ国ではありませんでしたが、曹操はかなり広い支配地域を持っていました。ところが当時の劉備は、自分の土地を持っていなかったのです。

そこで劉備らは、荊《けい》州に目をつけます。荊州の支配者だった劉琮《りゅうそう》は曹操に降伏しましたが、曹操軍は赤壁の戦いで北部へ退散しました。そのため荊州南部には、明確な支配者がいない状態だったのです。一応、かたちのうえでは、荊州南部は孫権の領土ということになっていました。少なくとも孫権は、そう考えていたでしょう。しかし、まだまだ反抗する者も多く、きちんと統治されている状態とは言えませんでした。

そこで劉備は孫権に、荊州の租借《そしゃく》を申し出ます。孫権に抵抗する者たちは、自分たちが武力を使いながら手なずける。だから荊州の統治に成功したら、そこで納められる穀物の半分はこちらに欲しい。そのような申し出をするのです。

そして関羽《かんう》や趙雲《ちょううん》、黄忠《こうちゅう》らが、荊州の平定に乗り出しました。やがて劉備は、荊州牧《ぼく》になります。しかし自分たちの土地だと思っていた荊州で勢力を増していく劉備に、孫権は警戒感を抱き始めます。

そして劉備に対し、貸した土地を返すよう迫り始めます。とはいえ命をかけて戦い、それなりの犠牲を出して荊州を平定した劉備たちが、それをすんなり受け入れるわけがありません。「この地を平定し、統一したのは自分たちだ」と主張し、あやうく喧嘩《けんか》になりかけます。

この時は幸いなことに、なんとか戦にならずに済みました。しかし孫権側としては、やはりおもしろくありません。これを契機に、両者の関係はぎくしゃくし始めます。そしてこれ以降、両者は荊州をめぐる戦いを、度々繰り返すことになるのです。

このように、劉備は荊州で勢力を大きく伸ばしました。しかし、もともと彼らが自分たちの領土にしようと目論《もくろ》んでいたのは、益《えき》州（蜀《しょく》地方＝四川省）です。曹操側から益州へ攻めに行くには、峻険《しゅんけん》な秦嶺《しんれい》山脈を越えて行かなくてはなりません。この山脈は自然の障壁であり、北から益州を一気に攻めることはできません。益州を自分たちの領土にすれば、曹操も簡単には攻めて来ることができない。おそらく諸葛亮《しょかつりょう》がそう判断したのでしょう。

益州はもともと蜀と呼ばれていました。景帝《けいてい》の末裔で前漢《ぜんかん》の血をひく劉焉《りゅうえん》が、一九〇年頃から牧として治めていました。後漢の政治が腐敗し、戦ばかりしていることに嫌気が差した劉焉は、安全な地を求めてこの地にやって来たのでしょう。劉焉はもともと一地方官でしたが、やがて独立をもくろみます。

そのうえで目をつけたのが、張魯《ちょうろ》という宗教家です。益州では昔から、張魯の祖父の張《ちょう》陵《りょう》が創始した、原始道教の一種、五斗米道《ごとべいどう》という宗教が盛んでした。張陵は祈禱で病を治し、道術を学ぶ信者に、五斗の米を供出させていました。そのため、この地は財政が豊かでした。修行者のための道路も整備されていました。五斗米道は張陵から息子の張衡《ちょうこう》、その息子の張魯へと引き継がれていきます。

張魯の母親はたいへんな美人で、巫術《ふじゅつ》に長《た》けていたと言います。劉焉は、この張魯の母親と親密な関係になります。そして精神的なことは五斗米道が担い、武力や税金の徴収などは劉焉が担う。そのような協力関係をつくりあげ、さらに独立体制を強めていったのです。

コラム

道教は張陵が創始した？

中国の宗教は大きく仏教、道教、儒教の三つのグループからなります。道教は、春秋《しゅんじゅう》時代の思想家、老子《ろうし》の無為自然の肩肘《かたひじ》張《は》らない思想に、呪術や占い、民間信仰など、さまざまな要素が結びついて自然発生的に生まれたものです。非常にあいまいな、多様な要素をもつ宗教です。仏教や儒教の要素も取り込んでおり、誰がいつ、創始したと明確なことは言えません。

ただ最初に、道教の教団を創設したといった意味では、張陵《ちょうりょう》が創始者と考えることもできます。ただ張陵という人物にも、よく判らない点が多々あります。ちなみに日本の三大宗教は仏教、神道、儒教です。中国の道教は、日本の神道に近いものだと考えると、イメージしやすいのではないでしょうか。

劉備が劉璋から益州を奪う

一九四年、益《えき》州で独立をもくろんでいた劉焉《りゅうえん》が病で亡くなります。そしてその後を、息子の劉璋《りゅうしょう》が継ぎました。劉璋はもともと二人の兄とともに、洛陽にいました。献帝《けんてい》の近侍《きんじ》として仕えていたのです。董卓《とうたく》が長安へ遷都したときも、劉璋は献帝、また二人の兄と一緒でした。しかし当時の内紛に巻き込まれ、二人の兄は亡くなります。たまたま益州に戻っていた劉璋が、益州牧となったのです。

劉璋は凡庸で、あまり欲のない人でした。そんな彼のもとでは、これ以上出世できない。そう考えた野心家の重臣たち、張松《ちょうしょう》、法正《ほうせい》、孟達《もうたつ》らは、劉備を益州の牧に迎えようと画策します。しかし他の重臣たち、王累《おうるい》、黄権《こうけん》、劉巴《りゅうは》らは反対します。ところが曹操や張魯《ちょうろ》に脅威を感じていた劉璋は、劉備の武力を借りたいと安易に考え、彼を益州に入れてしまうのです。

やがて張松と劉備の密約が明らかになります。そこで劉備は、劉璋を攻撃します。その結果、戦が苦手な劉璋は、抗戦せずに降伏してしまいます。そして益州、つまり蜀《しょく》を、劉備に奪い取られてしまうのです。ここに至ってついに、劉備は蜀という自分の領土を持つことに成功するのです。ちなみに劉備は劉璋を処分することはなく、ある町の貴族にしてやったようです。

ここで劉備の妻、孫夫人《そんふじん》についても少し触れておきましょう。孫夫人は孫権《そんけん》の妹です。劉備と孫家の同盟関係を強化するために、政略結婚として劉備のもとに嫁いできたのです。孫夫人は武道に長《た》けた、男勝りの女性だったようです。日本でいえば源（木曾）義仲《よしなか》の妾《しょう》、巴御前《ともえごぜん》のような人でしょうか。

孫夫人は、京劇では孫尚香《そんしょうこう》という名で、『三国志演義』では劉備と仲睦まじく登場します。孫夫人の部屋へ向かう廊下の両側には、薙刀《なぎなた》で武装した侍女が常に立っていたといいます。妻と夜をともにすることも、劉備にとってはあまり心安らかなことではなかったのかもしれません。

ところで劉備が勝手に単独で益州を乗っ取ったことに対し、孫権は当然ながら激怒します。そして大きな船で迎えに来て、孫夫人を劉備のもとから引き戻しました。その時、孫夫人は劉備の息子、劉禅《りゅうぜん》を連れて行こうとします。それを趙雲《ちょううん》や張飛《ちょうひ》がなんとか阻止します。孫夫人は結局、愛するわが子を残し、一人で呉へ帰るはめになるのです。

コラム　劉備の五虎将

少し前に曹操《そうそう》の五虎将を紹介しましたが、ここでは劉備《りゅうび》の五虎将を紹介しましょう。この頃になってようやく、劉備軍に関羽《かんう》、張飛《ちょうひ》、趙雲《ちょううん》、黄忠《こうちゅう》、馬超《ばちょう》の五虎将が出揃います。関羽は言わずと知れた、義兄弟の契りを交わした劉備の義弟です。圧倒的に強く、忠義に篤く、受けた恩は絶対に忘れません。商売の神様として崇《あが》められていることも、よく知られています。張飛は三義兄弟の末弟で、その豪勇で劉備を度々助けました。しかし乱暴者で、お酒のうえでの失敗が数多くあります。

趙雲はもともと公孫瓚《こうそんさん》の部下でした。白龍《はくりゅう》という白い馬に颯爽《さっそう》と乗っていました。劉備が農民を引き連れて曹操から逃げた長坂《ちょうはん》の戦いでは劉備の息子、劉《りゅう》禅《ぜん》を助け出しています。馬超はもともと涼《りょう》州にいた武人です。父は中国西北部に住む羌族《きょうぞく》との混血だった馬騰《ばとう》です。馬超は関中《かんちゅう》（渭水《いすい》盆地）の独立した軍閥でしたが、曹操に反乱して鎮圧された後、劉備の配下に入りました。その後、漢《かん》中《ちゅう》をめぐる曹操との戦いで活躍しました。

黄忠はもともと劉表《りゅうひょう》に仕えていた武人です。劉備が荊《けい》州を平定した後、配下に加わりました。「演義」では高齢ながら弓の達人として描かれています。彼が定軍山《ていぐんざん》の戦いで夏侯淵《かこうえん》を討ったことで、劉備は漢中を平定し、漢中王になることができたのです。

権力基盤を固め、魏王となる曹操

赤壁の戦い後の曹操は、自らの領地を得ようと、蜀《しょく》の支配者劉璋《りゅうしょう》に売り込みをかけます。この頃、漢中《かんちゅう》では五斗米道《ごとべいどう》の張魯《ちょうろ》が劉璋に従わず、冷戦状態のまま、独立した勢力を保持していました。そこで曹操は、二一一年に鍾繇《しょうよう》を使い、張魯を攻撃する準備をします。

鍾繇はもともと長安にいた文官です。董卓《とうたく》の暗殺後、宮廷が李傕《りかく》や郭汜《かくし》に牛耳られて政治が混乱する中、献帝《けんてい》を脱出させ、曹操のもとへ連れていくうえで大きく貢献した人物です。彼は八十歳まで生き、七十五歳のときにできた子どもが鍾会《しょうかい》です。鍾会は、魏《ぎ》が蜀《しょく》を平定するうえで大きな功績をあげます。しかしその後、野心を抱いて二六四年に乱を起こします。

さて張魯を討とうとした曹操に対し、警戒心を抱いたのが韓遂《かんすい》や馬超《ばちょう》です。二人は羌《きょう》族や氐《てい》族の反乱が続き、混乱状態だった涼州で勢力を伸ばしていました。しかし次は自分たちが曹操に討たれるのではないかと恐れ、反乱を起こすのです。曹操はそんな韓遂、馬超らの連合軍を破り、関中《かんちゅう》を平定しました。この戦を潼関《どうかん》の戦いと言います。

韓遂は漢人ですが、生涯にわたって反乱を起こし続けた人物です。反乱を起こしては征伐されるのですが、完全にはやりこめられません。そしてまた力をつけて、反乱を起こす。そんなことを繰り返したため、不倒翁《ふとうおう》と言われました。

馬超は、後漢の光武帝の将軍だった馬援《ばえん》の子孫です。馬氏は名族です。光武帝の息子の明帝《めいてい》の皇后は、馬皇后と言いました。馬超は最初のうちは、曹操と同盟関係にありました。官渡の戦いでは袁紹《えんしょう》の部下と戦いました。しかし後に曹操と対立し、張魯《ちょうろ》の兵を借りて戦います。漢中で勢力を築いた後は、劉璋に取って代わって蜀を我がものにしようとした劉備軍に加わりました。

潼関の戦いに勝利し、韓遂と馬超を駆逐した曹操は、北方から蜀を狙います。そのような状況もあって、劉璋は益《えき》州に劉備を呼び寄せようと考えたのです。

この頃も、曹操は献帝を擁しています。地方では群雄がそれぞれ支配しているとはいえ、後漢という国は表面的には続いていきました。そして天下に勅令を発する実権を握っている曹操は、着実に権力基盤を固めていきました。

まず二一〇年に、袁紹が本拠地にしていた鄴《ぎょう》を、自分の領土の中心地に定めます。そのうえで銅雀台《どうじゃくだい》という宮殿を造営しました。さらに剣履上殿《けんりじょうでん》という、剣をつけたまま皇帝に謁見《えっけん》できる特権を自らに与えます。二一三年には、本来であれば皇帝の血筋の者しかなれない公となり、魏公を名乗ります。

さらに曹操は、自分の娘である曹憲《そうけん》、曹節《そうせつ》、曹華《そうか》の三人を、みな献帝の側室にしました。さらに皇后の父親が謀反を企てていたことを理由に、献帝が二〇年近く連れ添ってきた伏《ふく》皇后を処刑します。そして曹節を皇后に昇格させるのです。

曹節は献帝と無理やり政略結婚させられました。しかし彼女は、とても愛情深い女性でした。献帝に尽くし、最後まで添い遂げます。曹操が病死した後、息子の曹丕《そうひ》が献帝に禅《ぜん》譲《じょう》を迫った時は、禅譲に最後まで反対しました。史書には、怒って皇帝の印璽《いんじ》を使者に投げつけたと書かれています。ちなみにこの印璽は、かつて前漢《ぜんかん》を簒奪《さんだつ》した王莽《おうもう》が投げつけた時に角《かど》が欠けたため、欠けたものが本物であったという言い伝えもあります。献帝は帝位を降ろされてから一〇年以上生き、死《し》に水《みず》を曹節が取りました。

曹操は二一六年に、漢帝国内の王国として魏を建国し、魏王となります。王も本来、その血筋をもつ者しかなれません。曹操は血筋がないにもかかわらず、自分の力で国王に成り上がったのです。ただあえて自分は、皇帝にはなりませんでした。そして曹操の死後、息子の曹丕が魏の初代皇帝となるのです。

コラム　王と皇帝はどっちが偉い？

中国の王と皇帝は、どう違うのか。どちらが偉いのか。意外と御存じでない向きもあるかもしれません。曹操《そうそう》は魏《ぎ》王にはなりましたが、皇帝にまではなりませんでした。息子の曹丕《そうひ》の代で、ようやく初代皇帝となるのです。このことからもわかるように、王より皇帝のほうが圧倒的に偉いのです。あの曹操でさえ、実力だけで自ら皇帝になることは難しかったのです。だから時間をかけて、盤石に体制を整えてから、息子が皇帝になったのです。

　皇帝は国家における絶対的な君主ですが、王はあくまで皇帝からある地域の支配を任されたリーダーに過ぎません。ところで始皇帝《しこうてい》の時代には、王は存在しませんでした。秦は始皇帝一人が全土を治める絶対的な中央集権国家だったのです。ちなみに公は、皇帝の血筋の貴族がなれる最高の位です。

魏王曹操の後継者選び

　曹操は、二一六年に魏王になります。そしてその後継者を誰にするかが、大きな問題となります。曹操には息子が二五人いたと言われています。子を産んだ本妻、側室だけでも劉《りゅう》夫人、卞《べん》夫人、環《かん》夫人、杜《と》夫人、秦《しん》夫人、尹《いん》夫人、王昭儀《おうしょうぎ》、孫姫《そんき》、李《り》姫、周《しゅう》姫、劉姫、宋《そう》姫、趙《ちょう》姫といった名が記録に残されています。

　ちなみに〝夫人〟〝昭儀〟〝姫〟は後宮での位です。また後宮で一番位が高い女性に与えられるのが〝后《こう》〟です。曹操の妻に〝后〟という名の女性がいないのは、彼が皇帝にならなかったからです。

本来であれば、曹操の後継者となるのは、最初の正室である劉夫人が産んだ曹昂《そうこう》か曹《そう》鑠《しゃく》でした。ところが曹鑠は病弱だったため、夭折《ようせつ》しています。

曹昂も残念ながら、一九七年に亡くなってしまいました。そして曹昂の死には、曹操に大きな責任があります。

一九七年、曹操は劉表《りゅうひょう》と同盟関係にあった張繡《ちょうしゅう》の降伏を受け入れます。しかしその後、曹操は彼の叔父の未亡人と、男女の関係を結びます。それに激怒した張繡が、曹操の暗殺をもくろんで奇襲します。その戦いの中で、曹操を逃すために自分の馬を差し出し、曹昂が犠牲となって戦死してしまうのです。

曹昂の母親の劉夫人は早くに亡くなりました。そのため曹昂は、劉夫人の死後、曹操の妻となり、子どもに恵まれなかった丁《てい》夫人に育てられました。丁夫人は、曹昂をとてもかわいがっていました。曹操の愚かな行いが原因で曹昂が命を落としたことに、丁夫人は激怒します。そしてその後、曹操は二度と彼女に口を利いてもらえなかったと言います。

その後、丁夫人は曹操と離縁します。しかしその後、正室になった卞夫人は、丁夫人に対して時候の挨拶を欠かさず、ときおり贈り物をするなど、配慮を欠かさなかったと言います。名門出身だったため、自分が正室のときは卞夫人を低くみていた丁夫人は、そんな卞夫人に深く感謝するのです。

文武を適当に熟《こな》す曹丕と詩作の天才・曹植

いずれにしろ曹昂《そうこう》、曹鑠《そうしゃく》が亡くなったため、曹操の後継者は卞《べん》夫人が産んだ曹丕《そうひ》、曹《そう》彰《しょう》、曹植《そうしょく》の三人から選ばれることになります。この三人は対照的な人物でした。曹丕は武術も詩作も熟しますが、どれも八〇点といった器用貧乏《きようびんぼう》のような人物でした。曹彰は武術には長《た》けているものの、気性が激しく勉強嫌い。曹植は武術より、詩作が好きでした。

文学的才能に恵まれていた曹植は、曹操から寵愛されていました。この曹植と曹丕が、後継者争いをすることになります。曹操もしばらく、どちらを後継者にするか悩んでいましたが、二一七年に曹丕を太子に指名します。

しかしあまりにも偉大な父親をもつ曹丕は、コンプレックスも強かったようです。文学的な才能豊かな曹植に対する嫉妬心もあったようです。曹丕は、曹植を徹底的にいじめ抜きます。曹操の死後、魏王になると、曹植の側近を次々と粛清しました。曹植自身も地方に転々と赴任させられました。そして曹植は失意の中、病により四十一歳で亡くなりました。

そんな兄弟の不仲から生まれたのが、「七歩《しちほ》の才《さい》」という故事成語です。ある時、曹丕は「俺が七歩歩く間に詩を作れ」と曹植に無茶なことを言います。その時、曹植が即興で作ったのが、この詩だと言われています。


豆を煮て吸い物を作る際、豆殻は釜の下で焼かれ、豆自体は釜の中で煮られる。ともに熱い思いをするけれど、両者はもともと同根から生じている。同じようにあなたと私も同根から生まれた兄弟なのに、こんな風に喧嘩《けんか》をしていてよいのだろうか。


七歩歩いている間に、即興でこのような皮肉を込めた詩を作るとは、すごい才能です。このエピソードから、即興詩の才があることを「七歩の才」と言うようになったのです。

また曹植の代表作に、「洛神《らくしん》の賦《ふ》」という詩があります。この詩は曹丕の正妻だった甄《しん》夫人をモデルにしていると言われています。甄夫人は大変な美人で、もともとは袁紹の次男の袁熙《えんき》の妻でした。曹操が鄴《ぎょう》を落とした時、曹丕が見初めて自分の妻にしたことになっています。

曹植は密かに、甄夫人に思いを寄せていたとの説があります。もしそうであれば、当然、曹丕は激怒したことでしょう。この詩の中程の「皓《しろ》き歯の澄み渡りなほ眸《め》にも明るく」の一節からは、美しい女性を形容する四文字熟語「明眸皓歯《めいぼうこうし》」が生まれました。

さらに曹植の詩に「左顧右眄《さこうべん》」というフレーズがあります。「左顧右眄」といえば、今では周囲を気にして右往左往しているような、ネガティブな表現として使われています。ところが曹植はこの言葉を、ポジティブな意味で使っています。周囲を俯瞰《ふかん》的に見渡して、意思決定する、度量の広さを表現しているのです。

当時は、そのような意味合いで使われていたのでしょう。このように、時代の移り変わりとともに、いつの間にか言葉が違う意味になってしまうことはよくあることです。

曹植は、ものすごい詩の才能の持ち主でした。いっぽうで普段は礼儀作法に無頓着で、酒ばかり飲んでいたダメな人間だったとの説もあります。いずれ王になる曹丕にあれだけ嫌われていては、将来はありません。それで自暴自棄になっていたのかもしれません。

コラム

才能ある皇帝は民のためになるか？

才能あふれる曹植《そうしょく》は結局、皇帝になりませんでしたが、中国歴代皇帝の中には、優れた芸術的才能をもっていた人も少なくありませんでした。その代表格が、北《ほく》宋《そう》第八代皇帝の徽宗《きそう》です。彼は文人、画人として優れた才をもち、東洋美術史に残る名画を描いています。現在、日本にある「桃鳩図《とうきゅうず》」は、国宝に指定されています。

　彼は風流皇帝と呼ばれ、庭園に使う岩や銘木を運ばせるために、邪魔になる街を壊すようなこともしています。芸術に没頭するあまり、政治には全く無関心でした。そのため汚職が横行し、重税に苦しむ民衆の不満が高まり、反乱が度々起きました。

『水許伝《すいこでん》』のモデルとなった宋江《そうこう》の乱は、徽宗の時代の出来事です。そしてその後、北宋は滅亡へと向かっていくのです。やはり皇帝は、芸術的才能などなくても、しっかり政治を行える人間であってもらいたいものです。

三国が入り乱れた戦いが始まる

赤壁の戦いは、曹操《そうそう》による南下を、劉備《りゅうび》と孫権《そんけん》が協力して防いだ戦いでした。その後、三つの勢力、つまり魏《ぎ》、呉《ご》、蜀《しょく》が国として成立するまでには、三者が入り乱れての攻防戦が繰り広げられます。

戦いはおもに三カ所で行われました。一つは荊《けい》州北部での関羽《かんう》と魏軍、呉軍との戦い。次に漢中《かんちゅう》で、劉備と曹操が争った定軍山《ていぐんざん》の戦い。そして巣湖《そうこ》から長江に流れ込む支流で、曹操と孫権が戦った濡須口《じゅしゅこう》の戦いです。二一〇年から二二〇年くらいまでの一〇年間、この三カ所で戦いが続いたのです。

ここからはこの三つの戦いについて、さらに詳しく紹介します。まずは荊州北部での関羽と魏軍、呉の孫権軍との戦いです。

劉備が二一二年に孔明《こうめい》、張飛《ちょうひ》、趙雲《ちょううん》らと蜀に入った後は、荊州の地は関羽が残って管理していました。以前にも触れたように、荊州はもともと呉の地でした。孫権からこの地を借りるかたちで、呉に従わない者を関羽や趙雲らが平定したのです。

ただ劉備らが蜀に領地を得たため、孫権は荊州を呉に返すよう迫ります。関羽らには、「この地を平定するために多くの血を流したのは自分たちだ」との思いがあります。よって返還には応じません。二一五年に荊州南部を縦に半分に割り、それぞれ両者のものにすることで和解はしたものの、その後もわだかまりは残り続けました。

その後、荊州での緊張関係をやわらげるために、孫権は関羽の息子に、自分の娘を娶《めと》らす縁談をもちかけます。しかしその申し出を、関羽はにべもなく拒絶しました。そのことで関羽や劉備と、孫権との関係はさらに悪化してしまいました。

気位の高さが災いし、敗れた関羽

桁外《けたはず》れに強く、信義を重んじる関羽でしたが、唯一の欠点は、気位が高すぎることです。例えば自分が戦で苦戦している時に、他の武将が関羽を助けるために敵を攻めようとする。そんな時、関羽は「余計なことをするな」と拒絶するようなところがあったのです。

部下には優しいものの、同僚を軽んじるところもありました。このような性格が災いし、関羽は周囲の人に反発されたり、感情的なしこりをつくったりしていました。

二一八年、そんな関羽が当時、曹操《そうそう》の支配領だった宛《えん》県を争奪する戦いを始めます。きっかけは、宛を守っていた曹操配下の侯音《こうおん》が、関羽と内通して起こした反乱です。それに対し、曹操の命を受けた曹仁《そうじん》が討伐に向かい、侯音を殺しました。その後、関羽が曹仁のいる樊城《はんじょう》に進軍すると、曹操は于禁《うきん》を大将にした援軍を派遣します。

ところがこの時、ものすごい大雨となり、漢水《かんすい》が氾濫しました。その結果、于禁率いる三万の兵が、川の真ん中の中洲に取り残されてしまったのです。遠くから弓を射られれば防げません。食糧もいずれ尽きることは目に見えています。そのため三万の兵全員が投降し、関羽の捕虜になりました。

ところが三万人もの捕虜を抱え、困ったのはむしろ関羽のほうです。三万人分の食糧を確保することなど至難の業《わざ》です。何より怖いのは、三万人の捕虜に反乱されることです。

かつて秦《しん》による統一過程にあった前二六〇年、秦と趙《ちょう》がぶつかった長平《ちょうへい》の戦いで、秦の白起《はくき》将軍が捕虜の四〇万人全員を生き埋めにした事件が起きました。さすがにこの蛮行は、世論の大批判を浴びます。それによって秦の統一が三〇年は遅れたと言われています。

この頃、劉備《りゅうび》はまだ自分の国を完全に築けていません。それなのに部下が、三万人もの人間を生き埋めにしてしまえばどうなるか。悪くいえば人気だけが取り柄、ともいえる劉備の評判が一気に落ちてしまいます。その分、建国が遅れてしまいます。だから関羽は、捕虜を処刑することはできませんでした。かといって、三万人の捕虜を管理するのも大変なことです。

周囲の人間も、きっと関羽が困っていることは判っていたでしょう。しかし関羽を助けようとすれば、「余計なことをするな」と怒られるかもしれません。それを恐れて、誰も救援を申し出なかったのです。

関羽が普段から、もっと周囲の人間と良好な関係を築いていれば、このような危機の時には助けてもらえたはずです。プライドが高すぎる関羽の欠点が、こんな時に災いとなってしまったのです。しかたがないので関羽は、呉《ご》と蜀《しょく》の国境付近にある倉庫を襲いました。そうやってなんとか食糧を確保し、捕虜に与えることができたのです。

しかし当然のことながら、そのことを知った孫権《そんけん》らは怒ります。また孫権は曹操と、荊《けい》州南部の領有を条件に、背後から関羽を攻撃する密約を結んでいました。そこで孫権は、関羽への攻撃を開始します。

その際、関羽と長年、対峙《たいじ》していた、孫権の重鎮である呂蒙《りょもう》が病気ということで前線を退きました。その代わりに、陸遜《りくそん》が指揮をとることになります。関羽はそれまで、陸遜の名前を聞いたことがありませんでした。しかし陸遜は、謀《はかりごと》に長《た》けた名将です。陸遜は関羽に、わざわざ彼の武功を称えるような手紙を出していました。そのことに油断し、関羽は警戒を解いて安心したのです。

しかしこれは謀略でした。呂蒙は前線にいたまま、陸遜とともに一気に攻撃をしかけます。関羽に反感を抱いていた味方の裏切りもあり、公安《こうあん》と江陵《こうりょう》はまもなく落とされてしまいました。関羽が支配していた荊州の地は、あっという間に呉軍に奪われ、呉領に戻ってしまったのです。

しかたなく関羽は、益《えき》州に逃げようとします。しかしすぐに呉軍に捕まってしまいます。そして二一九年に処刑されてしまうのです。関羽の首は劉備ではなく、洛陽の曹操のもとへ送られました。曹操は関羽を手厚く葬《ほうむ》りました。

しかしそれから間もなくして、曹操も亡くなります。その後、関羽とかかわった人が次々と亡くなっていきます。そのため、それらは関羽の呪いではないかとの噂が広がり、伝説が生まれます。『三国志演義』においても、曹操はあたかも関羽の呪いによって亡くなったかのような描写がされています。

漢中をめぐる定軍山の戦い

　荊州北部とは別に、劉備《りゅうび》と曹操《そうそう》は、漢中《かんちゅう》での覇権をかけた争いも続けていました。その代表的な戦いが、二一九年の定軍山《ていぐんざん》の戦いです。

　漢中は魏《ぎ》と蜀《しょく》の境にあり、軍事的に非常に重要な地です。しかも険しい秦嶺《しんれい》山脈が天然の要害となっています。ここはまともな道もなく、進軍するには大変な困難を伴います。

　そのため曹操も、漢中の制圧には大変苦労してきました。

　二一五年、曹操は陽平関《ようへいかん》の戦いで張魯《ちょうろ》を破り、漢中を制圧しました。しかし曹操はそれ以上、蜀へと歩みを進めはしませんでした。いっぽう、曹操が漢中を領有したことで、劉備は強い危機感を抱きます。

　そこでそれまで激しく敵対し、あやうく全面戦争になりかけていた孫権《そんけん》と、一時的に和解するのです。そうやって劉備は、漢中での曹操との戦いに備えます。

　その後、張郃《ちょうこう》が巴蜀《はしょく》に攻め込み、そこにいた農民を漢中に移住させました。さらに軍を進める張郃を、張飛《ちょうひ》が遮《さえぎ》ります。両軍はその後、五〇日あまり睨《にら》み合いを続けました。

しかし最終的に、張飛が張部を追い出します。劉備はさらに攻勢をかけ、馬超《ばちょう》らを使って武都《ぶと》を攻略します。それに対し、曹操側は、徐晃《じょこう》が陳式《ちんしき》らの部隊に被害を与えました。

このような小競《こぜ》り合《あ》いが続く中、二一九年に劉備軍が、五万の兵を定軍山に進めました。それを迎え討ったのが、魏の夏侯淵《かこうえん》と張部です。この定軍山の戦いで、曹操の右腕として若い頃から命運をともにしてきた夏侯淵が亡くなります。夏侯淵は苦戦する張部に自分の兵の半分を救助に向かわせた後、黄忠《こうちゅう》からの攻撃によって戦死しました。

またこの戦いでは、劉備軍の趙雲《ちょううん》が、孫子《そんし》の兵法三六計の中にもある「空城《くうじょう》の計」を使っています。普通に戦争したら負けそうな時、わざと門を開け、敵を城に招き入れる作戦です。ある種のトリックで、本当に入城されたら自分たちは負けてしまいます。

この時は幸いなことに成功しました。曹操軍は、このまま攻め込めばおそらく趙雲らが待ち構えていて、大変な目にあう。そう考え、それ以上、兵を進めずに退却したのです。成功したから良いものの、よほど肝《きも》がすわっていないとできない戦法です。劉備も趙雲の豪胆さを感嘆したと言います。

この戦では最終的に、長安《ちょうあん》にいた曹操が自ら大軍を率いて参戦しています。しかし要害に籠《こも》って戦う劉備を攻略することができず、最終的には退却しました。その後、曹操は軍議で「漢中は鶏肋《けいろく》だ」との有名な言葉を残しています。鶏の肋骨は、よく煮ればスープの出汁《だし》になるけれど、食べられる肉は少ない。漢中は捨てるのは惜しいけど、苦労の割に得るものは少ない、といった意味で、負け惜しみを言ったのでしょう。

コラム

異民族の羌族との関係が深かった馬超

漢中《かんちゅう》をめぐる蜀《しょく》と魏《ぎ》の攻防戦では、馬超《ばちょう》が活躍しました。彼は後漢《ごかん》の名将だった馬援《ばえん》の子孫です。馬援の娘は、後漢の第二代皇帝（明帝《めいてい》）の皇后（馬皇后）になっています。馬氏はもともと大変な名家なのです。ところがその子孫である馬超の父親、馬騰《ばとう》の実家は没落し、かなり貧しかったようです。それもあってか、馬騰の父親は羌族《きょうぞく》の娘を妻にします。その二人の間に生まれたのが、馬騰です。

羌族は、古代から中国の西北部にいる異民族です。漢の時代にはたびたび、反乱を起こし、鎮圧されていました。そして黄巾《こうきん》の乱の混乱の中で、韓遂《かんすい》ら漢民族の軍閥とも組んで、勢力を伸ばしました。一時期、馬騰は韓遂と義兄弟の契りを結び、同盟関係にありました。

そんな馬騰の子である馬超は、当然ながら羌族との関係が深く、異民族から信頼されていました。馬超はもともと父親から引き継いだ関中《かんちゅう》（渭水盆地）の独立した軍閥の長でした。しかし曹操からの攻撃に危機感を持ち、反乱を起こします。その戦いで大敗北を喫《きっ》し、父と一族が処刑されてしまいます。

その後、益《えき》州（蜀＝四川省）に領地を得た劉備に降伏し、部下となり、蜀の五虎将とまで称されるほどの活躍をするのです。不倒翁《ふとうおう》と呼ばれた韓遂同様、不屈の魂をもった武人です。

三つ巴の戦いを経て魏、呉、蜀の成立へ

濡須口《じゅしゅこう》の戦いとは、巣湖《そうこ》から長江《ちょうこう》へと流れ込む支流を舞台に、曹操《そうそう》と孫権《そんけん》が長い年月をかけて繰り広げた、一連の攻防戦のことを言います。このあたりは昔から湿地帯が広がっており、三つの湖がありました。そのため濡須口の戦いでは、水軍戦がメインとなって

います。

この戦いにおいても、さまざまなエピソードが残っています。例えば二一二年に、曹操が四〇万もの大軍で南下した際は、孫権の武将、呂蒙《りょもう》が濡須塢《じゅしゅう》という土を盛って四方を高くした砦を築きます。そして曹操が中洲に上陸すると、孫権が自ら水軍を指揮し、曹操を包囲して対峙しました。この時、孫権の布陣に乱れが一切なかったことを、曹操は賛嘆します。そして「こんな奴を息子に欲しかった」と語ったといいます。

二一四年には孫権が、曹操の揚《よう》州における拠点だった皖《かん》城を落としました。それに対し、曹操が一〇万の兵で反撃します。この時、孫権は、若い頃は荒くれ者だった甘寧《かんねい》に三〇〇〇人の兵を与えます。甘寧は決死隊一〇〇人で曹操陣営に夜襲をかけました。そして最終的に、曹操を退却に追い込むのです。

二一七年には、曹操軍が居巣《きょそう》に到着しますが、疫病が流行し、多くの兵が亡くなります。司馬朗《しばろう》が自ら兵に投薬して回りましたが、本人は薬を飲んでいなかったため、病死してしまいます。孫権は呂蒙と蔣欽《しょうきん》に命じ、濡須塢の前方に城を築きます。曹操は張遼《ちょうりょう》と臧覇《ぞうは》にこの城を攻撃させます。

しかしその後、大雨が降ります。水位が増し、水上からは孫権軍が攻めてきます。それに対し、以前から曹操が工作していた山越族《さんえつぞく》が反乱を起こしました。

山越族は、孫一族がこの地に入る前から、揚州の山の中にいた異民族です。孫一族とは度々対立し、反乱を起こしていました。そんな山越族を、曹操が巧みに利用したのです。しかし孫権は、陸遜《りくそん》と賀斉《がせい》に命じ、この反乱をなんとか平定します。最終的には、曹操側が攻撃を撃退され、退却したかたちとなりました。

以上のように、赤壁《せきへき》の戦いの後は、曹操、劉備《りゅうび》、孫権の三つの勢力が入り乱れて戦いを繰り広げました。

赤壁の戦いでは同盟を結んでいた劉備と孫権が、荊州の地の支配を巡って激しく敵対します。そうかと思うと、濡須口で何度も繰り返し戦っていた曹操と孫権が、いつの間にか手を組んだりもしています。関羽《かんう》と魏の戦いでは、孫権は魏の味方をしました。

また濡須口の戦いで曹操を退却させた後の二一七年、孫権は突然、態度を変えます。曹操に「私はあなたの臣下になります」といった内容の手紙を出し、曹操に帝位につくことを進めるのです。劉備、関羽との間でもめていた荊州の問題を、自分たちに有利に進めたいとの思惑《おもわく》があったのでしょう。

曹丕が献帝に禅譲を迫り、初代皇帝に

魏《ぎ》、呉《ご》、蜀《しょく》の三国が成立に向かうこの時期の戦いを通して、三国志の前半の戦を華々しく飾っていた武将が亡くなっていきます。関羽《かんう》や夏侯淵《かこうえん》が亡くなり、二二〇年には曹操が病により急死します。

さらにその翌年には、張飛《ちょうひ》が亡くなります。彼は寝ているところを部下に首を掻《か》かれ、死んでしまいました。その部下は、張飛の首をもって呉へ逃げました。歴戦の武将にしてはあっけない死に様ですが、日頃から酒を飲んでは暴れ、部下をいじめて恨《うら》まれていた報《むく》いと言えるでしょう。

多くの人もよく知る英雄が亡くなってからの物語は、三国志前半のような華々しさに欠けています。外交のかけひきや心理戦が中心となることもあり、人気もあまりないようです。ただそれだけに、野望や権力にとりつかれた人間や政治の世界の恐ろしさがよく現れています。小説家としてはむしろ、前半より興味深い面があります。

魏では曹操が亡くなった後、息子の曹丕《そうひ》が魏国王になります。それまで、劉氏以外の人

間が国王になることなどありえませんでした。しかし圧倒的な実力で、魏という国の発展に貢献してきた曹操の後継者ということで、曹丕は劉氏と同等に扱われ、国王となるのです。

それだけでは飽き足らず、その後、曹丕は劉協（献帝《けんてい》）に禅譲《ぜんじょう》を迫ります。その結果、魏で初めての皇帝（文帝《ぶんてい》）に即位するのです。ただ禅譲とは形だけ。実際は、脅して皇帝の位を簒奪《さんだつ》したようなものです。

ただそのことが表沙汰になれば、帝としての値打ちが下がります。前漢《ぜんかん》末の王莽《おうもう》のように、帝位の簒奪者として末代まで批判されることになりかねません。そこで曹丕は、自分が劉協（献帝）から帝の位を禅譲された、正統な漢の継承者であることを世に示そうとします。

都の許昌《きょしょう》に受禅台を造り、盛大で厳《おごそ》かな儀式を行いました。この土を盛りあげて造営した台は今も残っています。現代では相撲の土俵ほどの見窄《みすぼら》しい土台が残っているだけですが、当時は宮殿風の煌《きら》びやかな施設だったことでしょう。

曹丕は献帝から、漢時代の文化はそのまま引き継ぎました。二二一年には孔子廟を修復し、儒学を尊んだ漢朝の精神を引き継ぐ姿勢を打ち出します。献帝を山陽公という貴族にし、それなりの待遇で接しました。自分たちは漢という国を滅ぼしたのではなく、あくまで帝から譲ってもらったのだということを示すためです。

コラム　元号の不思議

曹操が亡くなったとき、長く続いた建安《けんあん》から、延康《えんこう》に元号が変わりました。その後、三国時代には、それぞれが元号を立てます。そして二八〇年に晋《しん》が呉《ご》を滅ぼし、中国を約六〇年ぶりに統一し、再び一つの元号に戻るのです。

中国の元号は、紀元前一四〇年に、前漢《ぜんかん》の武帝《ぶてい》が即位した時の「建元《けんげん》」が始まりとされています。そしてその後、元号は「元光《げんこう》」「元朔《げんさく》」「元狩《げんしゅ》」と続きます。しかしこれらの元号は当時、実際に使われていたわけではありません。

元号ができる以前は、皇帝や王が即位した年を元年とし、「〇〇王何年」といった表記で年代を認識していました。しかし長い歴史の中では、同じ諡号《しごう》の王もよく登場します。それでは紛《まぎ》らわしいので、前漢の頃から、一定の年代ごとに元号を付けたほうがよいとの議論が起きました。

そして紀元前一一六年に、黄河から儀式用に使っていた大鼎《おおかなえ》が出てきたことを記念して、「元鼎《げんてい》元年」という元号が定められました。しかしそこからいきなり元号が始まるのもおかしいということで、紀元前一四〇年まで遡《さかのぼ》り、六年ごとに「建元」「元光」「元朔」「元狩」「元鼎」という元号をつくったのです。つまり前漢の武帝が即位した時の「建元」は、後から命名されたものなのです。

以来、中国の歴代王朝では、新しい王や帝が即位した年に元号を定め、その後、何かことあるごとに元号を改めました。当時は一皇帝一元号制ではありません。それだけに改元が、どのようなタイミングで、どのような理由で行われてきたのか、よく解《わか》らないところがあります。

例えば後漢《ごかん》の霊帝《れいてい》が崩《ほう》じた一八九年には、元号が四回変わり、最後はもう一度最初の「中平《ちゅうへい》」に戻っています。このように元号が短期間で何度も変わることもあれば、一つの元号が長く続く場合もあります。日本でも、奈良時代の終わりに長岡京《ながおかきょう》や平安京《へいあんきょう》の遷都があり、世の中はがらりと変わっているのに、元号は延暦《えんりゃく》のまま二〇年以上、続きました。

そして中国では、明の時代から一皇帝一元号制になります。元号がそのまま皇帝の諡《おくりな》となるわけです。洪武《こうぶ》の時代の皇帝は「洪武帝」、建文《けんぶん》の時代の皇帝は「建文帝」となり、一気に判《わか》り易くなりました。日本の元号は、中国の元号を取り入れたものです。日本でも明治以降は、一人の天皇に一つの元号が対応する形式になりました。

ちなみに日本と中国には、同じ元号がいくつかあります。有名なのが、後漢の光武帝《こうぶてい》が即位した時の「建武《けんぶ》」です。日本では後醍醐《ごだいご》天皇が「建武《けんむ》」の時代に新政を行ったことでよく知られています。唐《とう》の李世民《りせいみん》（太宗《たいそう》）の時代の「貞観《じょうがん》」も、日本の平安時代に使われており、「貞観」の大地震が有名です。

中国には四字の元号も希《まれ》ですがあります。例えば「建武中元《けんぶちゅうげん》」は倭《わ》の奴《な》の国王が、金印を受けたときの年号です。則天武后《そくてんぶこう》の治世に六九五年から「天冊万《てんさくばん》歳《ざい》」「万歳登封《とうほう》」「万歳通天《つうてん》」という年号が足掛け三年間続いています。それに触発されたのか、日本でも七四九年から七七〇年まで、「天平感宝《てんぴょうかんぽう》」「天平勝宝《しょうほう》」「天平宝字《ほうじ》」「天平神護《じんご》」「神護景雲《けいうん》」といった四文字の年号が続きました。

帝となった劉備が、関羽の復讐を図る

曹丕の皇帝への即位は、あくまで献帝《けんてい》から禅譲された形式を取りました。とはいえ劉備《りゅうび》や孫権《そんけん》が、それをそのまま認めるわけがありません。その後、劉備や孫権も自ら皇帝となっていきます。ここに至り、ついに魏《ぎ》、呉《ご》、蜀《しょく》という国が正式に誕生し、いよいよ本当の三国時代が始まるのです。

蜀では二二一年に、劉備が帝位につきます。劉備らからすれば、曹丕の即位は禅譲などではありません。献帝が曹丕に脅され、しかたなく帝の位を渡したことは明らかです。そこで前漢の景帝の息子、中山《ちゅうざん》王劉勝《りゅうしょう》の末裔である自分こそが漢の正統な後継者なのだと主張し、蜀という国を立て、自ら皇帝になるのです。

同時に劉備は、関羽が呉軍に殺されたことに激怒していました。そして呉への復讐を考えます。それに対し、諸葛亮《しょかつりょう》や趙雲《ちょううん》らは、「呉への攻撃は私怨で大義がない」と反対しました。しかし感情的になっていた劉備は、彼らの反対を押し切って、呉を攻撃するのです。

この戦で活躍したのが馬良《ばりょう》です。彼は「馬氏《ばし》五常《ごじょう》」の四男です。劉備が荊《けい》州を支配する

ようになった時から、弟の馬謖《ばしょく》とともに劉備の部下になりました。眉毛に白い毛が多かったため、「白眉《はくび》」というあだ名で呼ばれていました。「馬氏五常」の中でもとりわけ優秀だったため、後に優れたものを「白眉」と言うようになります。

馬良は洞庭湖《どうていこ》の西のあたりにいた武陵蛮《ぶりょうばん》という山岳民族を手なずけます。そして劉備軍の味方にすることに成功します。武陵蛮の協力もあり、劉備らはこの「夷陵《いりょう》の戦い」で最初は勝利しました。

ただこれは、呉の陸遜《りくそん》がわざと負けたふりをして後退する作戦でした。劉備らは、自分たちが勝っていると思ってどんどん攻めていきました。すると吹いてきた風に合わせ、陸遜が火攻めを行います。その結果、あっという間に劉備らは逆転されてしまいました。馬良は戦死し、劉備も大火傷を負って逃げました。

コラム

兄弟みなが優秀なことを表す「馬氏五常」

兄弟みなが優秀なことを「馬《ば》氏《し》五常《ごじょう》」と言います。この言葉の由来となったのが、馬良《ばりょう》ら五兄弟です。馬良を含めた五人兄弟は、みな大変優秀でした。兄弟の字は長男から順に、「伯常《はくじょう》」「仲常《ちゅうじょう》」「叔常《しゅくじょう》」「季常《きじょう》」「幼常《ようじょう》」といった具合に、「常」という字《あざな》がつけられていました。馬良は四男だったので、字は「季常」です。末っ子の「幼常」が、「泣いて馬謖《ばしょく》を斬《き》る」のエピソードで有名な馬謖です。

皇帝にならず、全面対決を避ける孫権

「夷陵《いりょう》の戦い」のように、南方で蜀《しょく》と呉《ご》が戦うことは、魏《ぎ》にとってはありがたいことでした。魏では新しい皇帝が即位したばかりです。まずは国を整えることが先決です。呉と蜀が戦い、勝手に消耗してくれれば、願ったりかなったりなわけです。

ただそのことは、呉の孫権《そんけん》もよくわかっています。よって孫権は、夷陵の戦いに勝利はしたものの、それ以上、蜀へ進軍はしませんでした。蜀を滅ぼしてしまえば、次は自分たちが魏にやられることがわかっていたからです。

呉にとって蜀は、魏に対する抑止力でもあるのです。だから呉は、蜀に勝つとすぐに使

者を派遣し、停戦を呼びかけました。お互いの面子《めんつ》を保ちながら、落とし所《どころ》を探る。現在の国際外交とやっていることは同じです。

この頃、孫権はたびたび、周囲から自ら皇帝となるよう進言されています。しかし彼はずっと拒み続けました。二二二年には魏に臣従し、自分は呉の王様で結構だと表明します。これも魏を味方につけて蜀を牽制《けんせい》するとともに、両国との全面対決を避けるのが狙いです。孫権が魏に臣従すれば、魏も蜀も呉を攻めにくくなります。孫権はなるべく戦を避け、抑止力を構築するための外交戦に力を入れていたのです。ただ孫権も、二二九年には皇帝に即位しています。

とはいえ曹丕《そうひ》はこの時期、ときどき呉を攻撃しています。二二三年には、濡須口《じゅしゅこう》の戦いを再開します。といっても本気で呉を侵略する気はなかったような気がします。一種のパフォーマンスだったのではないでしょうか。曹丕は父親の曹操《そうそう》のように、戦争で目覚ましい成果をあげていません。そこで自分の武勲を示そうと、皇帝みずから前線に赴《おもむ》く親征を、たびたび行ったのです。

ただ軍事的にいえば、大きな組織の総大将が自ら前線に出ることは、決して褒《ほ》められたことではありません。総大将が討ち取られたら、戦いは敗けて終わってしまうからです。

にもかかわらず曹丕は、三回も親征をしています。一回目はハリボテの城壁に騙《だま》され、大波によって大きな被害を受け、おめおめと敗走しています。それに懲りず、曹丕は二度目の親征をします。しかし今度は、寒波で川が凍結していたため、軍船を動かせずに退却することになってしまいます。結局、曹丕はなんの戦果もあげられないまま、二二六年に病で亡くなりました。

その後、息子の曹叡《そうえい》が二代皇帝（明帝《めいてい》）となります。曹叡は、かつて華北一の美人といわれ、最後は曹丕によって自殺に追い込まれた甄《しん》夫人が産んだ子です。当然ながら曹丕は、曹叡を好んではいませんでした。普通であれば、後継者にはしなかったかもしれません。実際、曹叡は長い間、太子になれませんでした。

ところが甄夫人の後釜で皇后になった郭女王《かくじょおう》（女王は字《あざな》）からは男子が生まれませんでした。そのため、曹叡が後継者となったのです。曹叡は母親が甄夫人だったこともあり、非常に容姿の美しい男性でした。その美貌を「天《てん》姿秀出《ししゅうしゅつ》」という言葉で絶賛されました。

軍費を専売事業で調達

「夷陵の戦い」で大火傷を負った劉備《りゅうび》は、白帝山《はくていざん》で療養していました。しかしそのまま、二二三年に亡くなります。そして息子の劉禅《りゅうぜん》が第二代皇帝に即位します。

じつは劉備は荊州にいた頃、劉禅が生まれる少し前に、劉封《りゅうほう》という養子をもらっています。劉封は、前漢の第六代皇帝である景帝《けいてい》の息子の劉発《りゅうはつ》を祖とし、荊州で大きな勢力となっていた長沙《ちょうさ》劉氏の血を受け継ぐ者です。

本来ならこの劉封が、劉備の後を継ぐはずでした。しかし彼は、関羽《かんう》が呉軍に殺された後に、自死に追いやられてしまったのです。理由は、関羽が援軍を要請したのに、助けに行かなかったというものです。

これはちょっとおかしな話です。あの気位の高い関羽が、援軍など要請するはずがありません。そのことが解《わか》っていたはずの諸葛亮《しょかつりょう》も、なぜか劉封を弁護しませんでした。その理由はおそらく、劉封が勇猛果敢で頭も良い、優秀な男だったからだと思います。

忠義心のある諸葛亮には、劉備亡き後の蜀を乗っ取る野心はなかったと思います。とはいえ頭の切れる劉封が皇帝となり、自分の政策に反対されても困ります。
自分のやりたい政策を思う存分行うには、皇帝が劉禅のごとき暗愚な人物のほうがいい。そう考えた諸葛亮が、劉封を自殺に追い込んだとも言います。私もその説を支持しています。

諸葛亮は劉備の死後、漢を簒奪《さんだつ》した魏《ぎ》の討伐、いわゆる北伐《ほくばつ》の準備を着々と進めます。そのためには、何といっても国力をつけなくてはなりません。そこで諸葛亮は、鉄と塩の専売を始めました。この事業は、北伐の戦費をつくるうえで非常に有効でした。

ただ儒教が軽視する商売を国が行うことに対しては、反対意見もあったでしょう。頭の硬い真面目な皇帝なら、反対する可能性があります。さすがに皇帝に反対されれば、諸葛亮といえども、押し通すのは難しくなります。そこで二代目皇帝は、自分の言いなりになる暗愚な劉禅にしたかったのではないかと思います。

コラム

武帝の時代にもあった塩と鉄の専売

諸葛亮《しょかつりょう》は北伐《ほくばつ》の費用を調達するために、塩と鉄の専売を始めました。ただこれには先例があります。もともと塩や鉄の専売は、前漢《ぜんかん》の武帝《ぶてい》の時代に、経済官僚として活躍した桑弘羊《そうくよう》が始めたものです。桑弘羊は商人出身で、子どものときから計算の天才でした。そして経済官僚として、武帝が匈奴との戦争ばかりして財政危機に陥っていた国家の台所の立て直しに大きな力を発揮しました。

その際に彼が導入したのが塩、鉄、酒の専売制です。それまで国家が商売をしてお金を集める、などといった発想はありませんでした。とくに商売を低くみていた儒学者からは、国家が営利を追求するような品位のないことをすべきではないと強く非難されました。

それでも武帝は、桑弘羊の政策を理解し、重用しました。実際に専売制によって、国は豊かになりました。桑弘羊は、地域の特産物を別の地域に持っていって高値で販売する均輸法《きんゆほう》や、全国の物資を集め、値下がりすれば買い、値上がりすれば売る平準法《へいじゅんほう》などの政策も取り入れ、国庫を豊かにすることに貢献します。最終的に彼は御史大夫《ぎょしたいふ》、現在でいう副総理大臣の地位まで出世しています。諸葛亮もおそらく、桑弘羊の政策のことは知っていたのでしょう。

孔明が孟獲ら南方の異民を征伐

この時期、孔明《こうめい》は南方の異民族対策にも力を入れています。当時、魏《ぎ》、蜀《しょく》は皇帝が即位したばかりで、まずは国の体制づくりに力を入れていました。どの国も積極的に戦争をしたいとは考えていませんでした。

三国が内向きになっていたため、南方の山岳民族がたびたび反乱を起こしていました。インドシナ半島の現在のラオスあたりの民族です。ただ想像を逞《たくま》しくすれば、これは孫権《そんけん》が反乱をたきつけていた可能性もあります。

中でも南方で、度々反乱を起こしたのが孟獲《もうかく》です。彼は史実によると漢人ですが、『三国志演義』では、南蛮《なんばん》の王ということになっています。いずれにしろ南方で勢力をもち、度々、蜀に対して反乱を起こしました。そして何度も捕らえられ、何度も放免してもらいました。

「七縦七擒《しちしょうしちきん》」という言葉があるように、諸葛亮《しょかつりょう》は孟獲を七回捕らえ、七回赦《ゆる》して逃してやっています。なぜそのようなことをしたのでしょうか。一つは自分たち、蜀という国の寛大さを示すためだったのではないでしょうか。そして「お前などいつでも捕らえられる」と、実力の差を見せつけたのです。実際に「七縦七擒」を経て、孟獲は蜀漢《しょっかん》に帰順し、協力するようになります。

もう一つの理由として、私が好きな説があります。当時、南方では、アヘンを栽培していました。アヘンは外科手術の際の麻酔として使えます。その技術を得るために、諸葛亮はあえて七回孟獲を逃し、その度に現地に向かったのではないかという説です。このような話は想像力を拡《ひろ》げ、さまざまな物語に展開しやすいので、小説家としてはこの説を支持しています。

例えば、この説が正しければ、孫権が晩年になって錯乱した理由も説明できます。諸葛亮が自分たちでつくったアヘンを孫権に渡し、騙《だま》して使わせた可能性が考えられるのです。「七縦七擒」の効果もあり、やがて南方では反乱が起きなくなりました。南の憂《うれ》いがなくなったことで、いよいよ二二七年から、諸葛亮は北伐《ほくばつ》を始めます。北伐は諸葛亮らにとって、漢を乗っ取った魏を、漢王朝の血筋の劉氏が征伐しに行くのだという、大義ある戦いでした。諸葛亮はそのための準備を、着々と進めてきました。専売によって経済力をつけたのも、南方の反乱を平定したのも、すべて憂いなく北伐に専念するためだったのです。

「出師の表」を出し、死を覚悟する諸葛亮

諸葛亮による北伐は、二二八年から二三四年にかけて、五回行われています。最初の出陣にあたり、彼は「出師《すいし》の表」を出します。その内容は、ほとんど遺言のようなものでした。自分が死んだ後は「誰々を大臣にしなさい」「誰々を側近にしなさい」と、劉禅《りゅうぜん》に書き送っているのです。

そのことからも諸葛亮は、この戦いで死を覚悟していたことが解ります。当時の蜀《しょく》の国力や軍事力からすれば、北伐がかなり無理な戦いだということが、最初からわかっていたのかもしれません。または持病があり、自分の命は短いと感じていたのかもしれません。

諸葛亮は「出師の表」を出した翌年に、一度目の北伐を行います。戦を始めるまでに少

し間が空いているのは、孟達《もうたつ》の寝返りを待っていたからです。孟達はもともと益《えき》州の武将でしたが、劉璋《りゅうしょう》を裏切って劉備《りゅうび》につきました。しかし劉封《りゅうほう》との仲が悪く、関羽《かんう》が敗北して死に至った戦いに援軍を出さなかったことで、劉備から憎まれていました。

そのため、やがて劉備をも裏切り、魏《ぎ》に寝返ってしまったのです。幸いなことに、孟達は曹丕《そうひ》に気に入られました。そして蜀の国境あたりで、太守《たいしゅ》（知事）に任じられました。ただその後、後ろ盾だった曹丕が亡くなります。これまで何度も裏切りを重ねてきた彼は、誰からも信用されなくなり、孤立していたのです。

そのような状況、相手の心理を巧みにつくのが諸葛亮です。彼は「もう一度、こちら側へ来ませんか」と孟達に手紙を出します。孟達はその手紙に動揺します。しかし判断に迷い、なかなか動きませんでした。

そこで諸葛亮は、さらに策を講じます。孟達と仲が悪い隣の魏の知事、申儀《しんぎ》のもとへ郭《かく》模《も》という男を偽装で投降させます。そして「孟達は危険なので、なんとかしたほうがいい」と伝えさせるのです。そのことが中央に伝われば、孟達は居場所がなくなり、蜀の側へ来るしかなくなります。諸葛亮はこのような工作もしたようです。

ところがその上をいったのが、魏の司馬《しば》懿《い》仲達《ちゅうたつ》です。孟達の二心を察知した司馬懿は、中央に一切報告することなく、独断ですぐに孟達を攻撃しました。おそらく諸葛亮のたくらみを見抜いていたのでしょう。孟達は処刑され、諸葛亮の計略は出鼻を挫《くじ》かれてしまいました。

司馬懿は、『三国志演義』の中では凡庸な将軍として描かれています。私は彼は諸葛亮と同等、もしくはその上をいく人物だったと考えています。そのことはこの時の行動一つ見ても明らかです。

大失敗の第一次北伐後、泣いて馬謖を斬る

諸葛亮はその後、蜀の桟道《さんどう》（山の険《けわ》しい崖《がけ》に、棚《たな》のように掛け渡した橋の道）を渡って魏へ兵を進めました。まずは趙雲が陣地を確保し、魏の軍隊をひきつけます。諸葛亮は祁《き》山《ざん》という山を占領し、魏軍を攻める機会を窺《うかが》いました。さらに街亭《がいてい》という場所の守備を馬《ば》謖《しょく》に任せます。

馬謖は非常に頭が切れ、兵法の話をさせたら右に出る者がいない、孔明《こうめい》の秘蔵っ子でした。しかし実戦経験はほとんどありません。そこで一度、実戦を経験させてみようと諸葛

亮は考えたのでしょう。念のため、王平《おうへい》という叩き上げの武将に補佐をさせました。しかし自信過剰な馬謖は、無学な王平を馬鹿にして、言うことをまったく聞きません。そのうえ自分勝手な判断で、諸葛亮の指示にも背《そむ》くのです。

馬謖は諸葛亮から、街亭の泉を死守するよう言われていました。しかし彼は、高い場所のほうが相手の様子が一目瞭然だからと、泉を離れて小山の上に陣を構えます。「それは絶対にやめたほうがいい」との王平の意見にも、全く耳を傾けませんでした。

それを見て魏の張部《ちょうごう》は、「何を馬鹿なことをやっているんだ」とほくそ笑んだことでしょう。泉を離れれば、飲み水を確保できなくなります。馬謖は、そんな実戦の初歩すら解っていなかったのです。張部は蜀軍が水を汲む道を断ち、泉に降りて来ようとした者を弓で射《う》ちます。蜀軍の兵は水を得ることができず、喉の渇きから、戦意をどんどん失っていきました。

そのうち風が吹いてくると、張部の放った火が山の木へ一気に燃え広がります。その結果、馬謖側は散々な目にあって逃げ帰りました。それも王平が陣太鼓を叩き、伏兵がいるふりをして張部の追撃を断念させたおかげで、何とか逃げ帰ることができたのです。このようなかたちで、第一回の北伐は大失敗に終わりました。

その責任を取らせるため、諸葛亮は「泣いて馬謖を斬る」のです。諸葛亮本人も、自分の位を丞相《じょうしょう》から右将軍《うしょうぐん》へと三階級落としました。私はこの時、馬謖を本当に殺す必要があったのかどうかは、疑問に思っています。

ただそうせざるをえない背景も、確かにありました。北伐前の軍議では、魏延《ぎえん》という将軍が、五〇〇〇人の兵を率いて長安《ちょうあん》を奇襲する案を提案しています。しかしそれを、諸葛亮は却下しました。街亭の戦いの指揮は馬謖ではなく、魏延らに任せるべきとの意見もありました。諸葛亮はそれを押し切って、馬謖を抜擢《ばってき》したのです。そのうえでの失敗だったため、諸葛亮は厳しい処罰を下すしかなかったのでしょう。

その後、同じ年に諸葛亮は、二度目の北伐を行います。この時は、魏の陳倉《ちんそう》城を包囲します。しかしこの時も結局、落城させることはできず、失敗に終わっています。

この戦いで諸葛亮は、三つの攻城兵器を使いました。兵士が城壁に駆け上るための雲梯《うんてい》という梯子《はしご》車、尖った先端を城門にぶつけて突き破る衝車《しょうしゃ》、井闌《せいらん》という弓を打つための高い移動式の櫓《やぐら》などです。ただこれらはすべて木製でした。敵から油をまかれ、火をつけられたら、ひとたまりもありません。良い天気が続いたため攻城兵器による攻撃は失敗し、最後は食糧不足になって撤退しました。諸葛亮にしてはお粗末な戦いだったと思います。

コラム 机の上での戦と実戦は、いかに違うか?

諸葛亮《しょかつりょう》が秘蔵っ子の馬謖《ばしょく》を泣いて斬《き》ったエピソードは、机の上での戦と実戦が、いかに違うかをよく表しています。中国の歴史にはこのような事例がいくつかあります。

有名なのが、紀元前二六〇年に秦《しん》と趙《ちょう》が対峙《たいじ》した長平《ちょうへい》の戦いです。この時、趙では、幼少の頃より兵学の天才と持《も》て囃《はや》され、議論では誰にも負けなかった趙括《ちょうかつ》が指揮をとりました。相手をするのは百戦錬磨と謳《うた》われる秦の常勝将軍、白起《はくき》です。そんな白起相手に、単に兵法書を丸暗記しているだけで実戦経験のない趙括が敵《かな》うわけがありません。白起による偽装の撤退作戦にまんまと引っかかり、呆気《あっけ》なく敗北してしまいました。

諸葛亮も、もちろんこの前例は知っていたはずです。それでも、馬謖をいつまでも実戦で使わないわけにもいかなかったのでしょう。ちなみにこの長平の戦いで、白起が趙軍の捕虜四〇万人を生き埋めにし、世間から大きな非難を浴びました。さすがに関羽《かんう》はこの先例から学び、宛《えん》県での戦いで三万人の捕虜を生き埋めにはしなかったようです。

持久戦に持ち込みたい諸葛亮

二二九年、諸葛亮らは三度目の北伐に挑みました。ここでようやく、魏《ぎ》との戦いに初めて勝つことができます。武都《ぶと》と陰平《いんぺい》を平定することに成功するのです。この戦果をもって、ようやく諸葛亮は、右将軍から丞相《じょうしょう》に返り咲きます。

しかし彼は、そのまま一気に魏に攻めて行くことはしませんでした。それはなぜでしょうか。諸葛亮は最初から、自分たちが大勝ちする気はなかったのだと思います。結局のところ彼は、膠着《こうちゃく》状態をつくりたかったのです。なるべく一気に決着はつけず、長期戦で魏を疲弊させる。そのうえで、活路を見出そうとしていたのでしょう。

魏延《ぎえん》の長安《ちょうあん》攻めを却下したのも、おそらくそれが理由です。正面からの戦いで魏に勝てれば、それに越したことはありません。諸葛亮は魏と蜀《しょく》の武力の差を、冷静に見極めていました。真正面から両軍が戦えば、自分たちが大敗北する可能性のほうが高い。彼はそう考え、何よりそれを恐れていたのだと思います。

蜀軍の武都・陰平両郡の平定に対し、二三〇年には魏軍が反撃を始めます。まずは曹真《そうしん》と司馬懿《しばい》が、子午道《しごどう》から漢中《かんちゅう》へ侵入しました。しかし先鋒の夏侯覇《かこうは》が、蜀軍に撃退されてしまいます。さらにその後、長雨が降ったため、曹真の部隊は思うように進軍できませんでした。補給路も絶たれてしまいます。結局、魏軍は退却を余儀なくされました。

このように、漢中で蜀と魏が戦っていた頃、呉《ご》は海洋方面へと進出します。魏の勢力が及ばない場所への影響力を、増そうと考えたのかもしれません。孫権《そんけん》は夷《い》州と亶《せん》州に、衛《えい》温《おん》と諸葛直《しょかつちょく》を遠征させています。そして住民三〇〇〇人を連れて帰り、農民にしたと言われています。

夷州は現在の八重山や台湾、亶州は九州南部や種子島、屋久島、沖縄だったのではないかと考えられます。この遠征の目的は何だったのでしょうか。中原《ちゅうげん》地域を魏に領有されていたため、周辺を制圧したかったのかもしれません。加えて魏や蜀との戦争で人が減ったため、よそから人をさらって奴隷にしようとしたのかもしれません。さらにもう一つ、私はこの呉による東方遠征は、おそらく徐福《じょふく》伝説の影響を受けたものだったのではないかと思っています。

コラム　不老長寿を求めた始皇帝と徐福伝説

徐福《じょふく》は秦《しん》の始皇帝《しこうてい》に仕えた方士《ほうし》です。方士とは、薬剤師と呪術師を足して二で割ったような人物です。歴史的役割は、西洋の錬金術師に近い存在と言っていいかもしれません。

古代の中国では、権力者は必ずといっていいほど、不老長寿を求めました。そのために莫大なお金や使節を遣《や》って、ありとあらゆることを試しました。中国の漢方医学は、そんな権力者による不老長寿へのあくなき追求の結果ともいえます。

とりわけ不老長寿の薬を得ることに、猛烈な情熱をささげたのが、秦の始皇帝です。徐福はそんな始皇帝に、「私が東方の蓬萊《ほうらい》に出かけて仙人と会い、不老長寿の薬をもらってきます」と申し出ます。始皇帝はその提案を受け入れます。徐福は始皇帝から莫大な資金援助を得て、若い男女三〇〇〇人を伴う大船団を編成し、東方へと旅立ちました。

しかし結局、徐福はそのまま始皇帝の元へは戻ってきませんでした。最初から戻ってくる気などなかったのかもしれません。始皇帝はまんまと徐福にだまされたと言えるでしょう。始皇帝は本来、非常に聡明な人です。ただ天下を取って、怖いものがなくなり、判断力が鈍っていたのかもしれません。

徐福の真の目的は何だったのでしょうか。どこへ行き、何をしていたのか。詳しいことはよく判っていません。

ただ日本には、九州各地や和歌山の新宮《しんぐう》、三重県の熊野などに、徐福が訪れたとの伝説がたくさん残っています。もちろん本当に来たという証拠は、どこにもありません。中国には、徐福が熊野古道を通って橿原《かしはら》に入り、神武《じんむ》天皇になったとの伝説もあります。「そんな馬鹿な」と思う人もいるかもしれません。しかし日本人も他国人のことは言えません。例えば日本には、源 義経《みなもとのよしつね》がモンゴルに渡ってチンギス・ハンになったという陳腐《ちんぷ》な伝説があります。このような与《よ》太《た》話《ばなし》は、古今東西どこにでもよくあります。

新兵器により、四度目の北伐に成功

蜀《しょく》軍は二三一年に四度目の北伐を行いました。この時、諸葛亮は新兵器をつくって活用したという話が残っています。元戎《げんじゅう》、神刀《しんとう》、筒袖鎧《つつそでよろい》、木牛《もくぎゅう》、流馬《りゅうば》といったものです。

元戎は、一度に一〇本もの矢を発射できる連発の弩《いしゆみ》です。中国では三メートルほどの大きさのものもあり、槍のような矢を城壁に打ち込み、その矢を梯子《はしご》にして城壁を登ったのです。弩は重く、矢を番《つが》えるのに時間がかかります。その間に切り込まれてしまえばお終《しま》いです。この武器は山岳の多い日本では運びにくく、実戦では使いにくかったかもしれません。よって、中国のようには普及しなかったようです。

神刀は鋼《はがね》を鍛えた、よく切れる刀です。中国と日本の刀を比べると、出刃包丁と刺身包丁のような違いがあります。中国の刀は切るというより、叩きつぶす感じで使います。いっぽう日本の刀は、切れ味が鋭いのが特徴です。筒袖鎧は、肩から上腕を守る袖と胴が一体化した、シャツのような鎧です。動きやすく、武器を持ち上げたときに急所となりやすい脇下を守ることができました。

木牛や流馬は、ものを運ぶための道具です。これまでの北伐の敗因を兵糧《ひょうろう》不足だと考えた諸葛亮が、輸送効率を上げるために考え出したものです。木牛は四輪の手押し車で、現在のベビーカーのようなものです。流馬は一輪車で、現在の工事現場でも使われている猫車の原型です。これらを活用することで、蜀の狭い桟道《さんどう》での物資輸送も効率的に行えるようになったのだと思います。

ちなみにこれらの新兵器は、諸葛亮の妻が発案し、諸葛亮に作らせたとの説があります。諸葛亮の妻は黄月英《こうげつえい》と言います。『三国志演義』では才女として描かれています。ただ歴史書には名前が残っていません。黄月英はあまり美人ではなかったようで、「孔明の嫁選びを真似るな」との言葉もあります。ただ実際のところはわかりません。本当は美人だったけど、わざと不細工に見える化粧をしていた、という伝説もあります。

これらの新兵器を使った四度目の北伐は成功しました。この戦いでは一度目同様、祁山《きざん》を包囲し、援軍としてやってきた張郃《ちょうこう》や司馬懿《しばい》を撃退します。ただその後、諸葛亮らは長雨によって食糧の補給ができなくなり、撤退しました。

そしてこの時、追い討ちをかけてきた張郃を討ち取ります。張郃は街亭《がいてい》の戦いで馬謖《ばしょく》を敗走させ、孔明《こうめい》が馬謖を斬ることになった要因をつくった武将です。ここに至って孔明は、ようやく馬謖の仇《かたき》をとることができたと言えるでしょう。この四度目の北伐の戦利品として蜀軍は三〇〇〇の首級、五〇〇〇領《りょう》の鎧、三〇〇〇張《はり》の弩弓《どきゅう》を持ち帰りました。

遼東半島で二枚舌外交をする公孫淵

この四度目の北伐から五度目の北伐の間くらいに、遼東半島で奇妙な動きがあります。この地では、公孫康《こうそんこう》の息子の公孫淵《こうそんえん》が太守《たいしゅ》（知事）を務めていました。公孫淵は、叔父を脅して太守の地位を奪ったような人物で、大変な曲者《くせもの》でした。魏《ぎ》帝国の一部を預かり、揚《よう》烈《れっ》将軍の称号を賜っている身でありながら、勝手に呉《ご》と結びつこうとしていたのです。

二三二年には、呉が公式の使者として周賀《しゅうが》と裴潜《はいせん》を送り、「北方の馬を求めたい」と告げます。それに対し公孫淵は、駿馬を、孫権《そんけん》への土産として渡そうとします。

当然、この事を知った魏帝（曹叡《そうえい》）は怒ります。兵を送って帰途にあった使いの周賀を斬り殺しました。ただ蜀と戦っていた最中だったこともあり、それ以上は事を荒立てたくなかったのでしょう。公孫淵の行動は不問に付しています。

しかしその後も、公孫淵は「臣従したい」との使者を呉に送ります。それに対し孫権は、

「燕《えん》王に封じる」と返答します。さらに九錫《きゅうしゃく》（九種類の恩賜の品）を授けます。ところがこの時、なぜか公孫淵は心変わりをします。何と呉の使者の首を刎《は》ね、魏へと差し出したのです。土産の品が気に入らなかったのでしょうか。まったく何を考えているのかわかりません。

このような二枚舌外交を繰り返す公孫淵に業《ごう》を煮やし、その後、魏は本格的に公孫淵を討伐します。そして司馬懿《しばい》と公孫淵の戦が始まるのですが、ここに邪馬台国《やまたいこく》の女王卑弥呼《ひみこ》の使いの話が絡《から》んできます。史書の『三国志』には、その時のことが記されています。

睨み合いが続いた五丈原の戦い

二三四年、諸葛亮はいよいよ五度目の北伐を始めます。これが有名な五丈原《ごじょうげん》の戦いです。とはいえこの時、実際には戦いらしい戦いはしていません。ひたすら膠着《こうちゃく》状態で、睨《にら》み合いが続いたのです。

司馬懿は渭水《いすい》の南に砦を築き、陣を張って動きませんでした。諸葛亮は、五丈原に布陣しています。五丈原は、高さ一〇〇メートルほどの台地に広がる原野です。一番幅の狭い場所が五丈（約一五メートル）しかなかったことから、こう呼ばれています。孔明《こうめい》はこの台地の上に砦を築き、猫車で物資をたくさん運びました。いざとなったら攻めて行く雰囲気を醸し出しながらも、決して自分たちからは、攻めようとはしませんでした。

司馬懿は、そんな蜀《しょく》軍を陣地から見ています。周囲の血の気が多い武人は「早く攻めましょう」といきり立ちます。しかし司馬懿は「攻めたら負けだ」と、絶対に自分たちから先に攻撃をしかけませんでした。

諸葛亮はそんな司馬懿に、女性の櫛《くし》や飾りものを送ります。「攻撃してこないお前は、女性と一緒だ」と侮辱《ぶじょく》して挑発したのです。しかしそれを見た司馬懿は、むしろほくそ笑みます。「諸葛亮は焦っている。きっと健康状態がよくないんだ」と考えるのです。

実は司馬懿は、ときおり自陣にやってくる蜀の使いに「孔明は日々、どんな生活をしているのか」と聞いていました。そして諸葛亮が少ない食事で、朝早く起き、夜中まで忙しく働いていることを知りました。

司馬懿は諸葛亮の持病のことも知っていたのかもしれません。そんな無理を続けていれば、彼は長くは生きられないと考えます。それで、なおさら持久戦を決め込むのです。

いっぽうこの頃、呉の孫権《そんけん》が自ら軍を率いて、荊《けい》州の夏口《かこう》から合肥《ごうひ》新城の魏《ぎ》軍を攻撃しています。この攻撃に対しては、皇帝の曹叡《そうえい》が自ら援軍を出しました。その後、孫権は曹叡が到着する前に撤退しました。

諸葛亮を誰よりも理解していた司馬懿

いっぽう五丈原での諸葛亮《しょかつりょう》と司馬懿《しばい》の睨《にら》み合いは、一〇〇日以上続きました。しかしやがて司馬懿の読み通り、諸葛亮は陣中で亡くなってしまいました。過労によって持病が悪化したのでしょう。そして諸葛亮なき蜀《しょく》軍は撤退するとき、旗の向きを反対に変え、鼓《つづみ》を鳴らすなど、反撃するかのような姿勢を見せました。

それに対して「そのまま逃さず、攻めるべきだ」と主張する魏の武将もいました。しかし司馬懿は「どうせ孔明のことだから、何か罠をしかけている。そのまま帰してやれ」と言い、攻めませんでした。

このエピソードから「死せる（諸葛亮）孔明、生ける（司馬懿）仲達《ちゅうたつ》を走らす」との言葉が生まれます。『三国志演義』では、すでに死んでいる諸葛亮を恐れる司馬懿を、格下と揶揄《やゆ》する言葉として使われています。しかし私は、ここで司馬懿が攻めなかったのは、むしろ「よくぞここまで頑張った」との諸葛亮への敬意もあったからではないかと思っています。

この時、蜀軍も一枚岩ではなかったようです。諸葛亮は、自分が死んだら撤退するよう書き置きをしています。ところが魏延《ぎえん》は「ここで帰るなら、今まで何のために戦ってきたのかわからない」と徹底抗戦を叫び、撤退を妨害します。さすがにそんな魏延からは部下が離反し、彼は孤立します。そして最終的に、馬超《ばちょう》の従弟《いとこ》の馬岱《ばたい》につかまり、首を切られてしまうのです。

諸葛亮の最大のライバルで、良き理解者とも言えた司馬懿仲達は、楚漢《そかん》戦争の頃の十八王の一人、殷《いん》王だった司馬卬《しばこう》の子孫、司馬防《ぼう》の次男です。長男の司馬朗伯達《ろうはくたつ》、三男の司馬孚叔達《ふしゅくたつ》をはじめ、すべて字《あざな》に「達」の字がつく聡明な八人兄弟は「司馬八達」と呼ばれました。司馬家では長男の伯達が早く亡くなったため、司馬懿仲達が当主になりました。

司馬懿は最終的に魏を乗っ取ったため、一般的にはあまり人気がありません。ただ私は、彼を高く評価しています。非常に頭が切れ、大局観に立って物事を考えることができる、スケールの大きな人物だったと思います。その行動や決断を冷静に振り返り、きちんと分析すれば、諸葛亮に勝るとも劣らない頭脳の持ち主だったのではないかと思います。

コラム

司馬懿仲達のルーツとは

司馬懿《しばい》のルーツは、楚漢《そかん》戦争の頃まで遡ります。始皇帝《しこうてい》が崩御《ほうぎょ》した後、項羽《こうう》と劉邦《りゅうほう》が協力して秦を攻め、降伏させます。そして項羽は咸陽《かんよう》の都をすべて焼き払ってしまいます。その後、項羽が中心となった一八の国がつくられます。そのひとつ、殷《いん》という国をもらい、王となったのが司馬卬《しばこう》です。

しかしやがてすぐに、項羽と劉邦による楚漢戦争が始まります。そこに司馬卬は巻き込まれ、戦争の最中に亡くなってしまいます。殷という国もなくなりましたが、司馬卬の子孫は、その後も温《おん》県に領地をもち続け、後に栄えていきました。その子孫の中の一人が、司馬懿の父親の司馬防《しばぼう》だと、『史記』には書かれています。もちろん本当のところは判りませんが、劉備《りゅうび》のルーツよりは信憑性《しんぴょうせい》がある気がします。

高句麗《こうくり》
丸都《がんと》
楽浪《らくろう》
帯方《たいほう》
馬韓《ばかん》
弁韓《べんかん》
(弁辰《べんしん》)
倭《わ》
建業《けんぎょう》
魏・邪馬台国使推定行路

三国鼎立と周辺国図

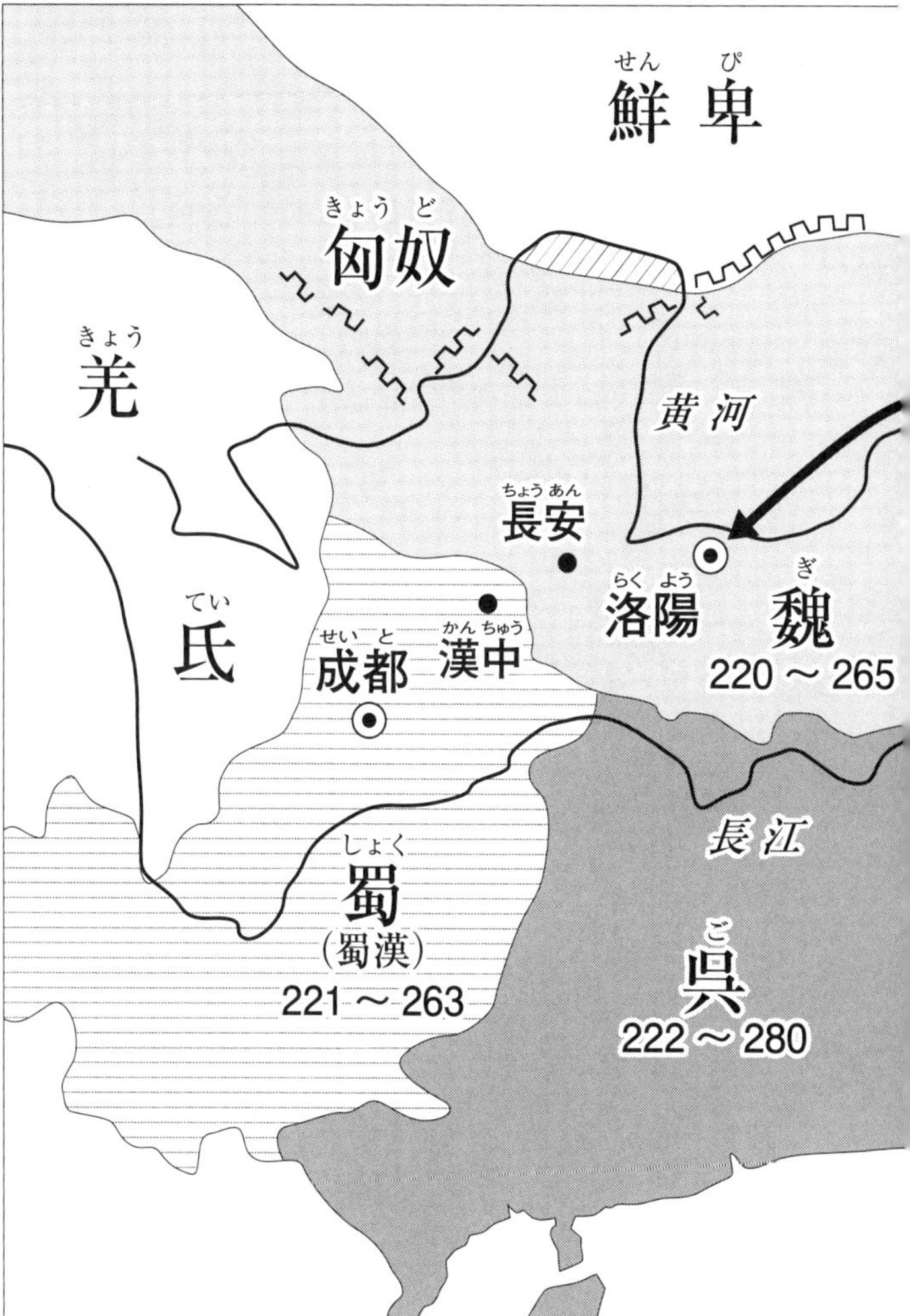

鮮《せん》卑《ぴ》
匈奴《きょうど》
羌《きょう》
黄河
長安《ちょうあん》
洛陽《らくよう》
魏《ぎ》
220 ～ 265
氐《てい》
成都《せいと》
漢中《かんちゅう》
長江
蜀《しょく》
(蜀漢)
221 ～ 263
呉《ご》
222 ～ 280

第三章

まだまだ続く、知られざる物語

司馬懿が卑弥呼の使いに協力した理由

多くの人は三国志といえば、五丈原《ごじょうげん》で諸葛《しょかつ》亮《りょう》孔明《こうめい》が陣没したところで、ほとんど終わりと考えているでしょう。しかし実はまだまだ続きがあります。というよりむしろ、三国志の本当の面白さは、これ以降にあると私は思っています。中でも私が後半で一番興味をもっているのは、『三国志』に登場する邪馬台国《やまたいこく》です。

諸葛亮との戦いの決着をつけた魏は、ようやく今まで手をつけられなかった公孫淵《こうそんえん》の問題に取り組みます。二三七年、毌丘倹《かんきゅうけん》という将軍を遣わし、公孫淵に出頭命令を出し、査問をしようとします。

しかし公孫淵は従わず、逆に毌丘倹を撃退します。そのうえで公孫淵は自ら燕《えん》王を称し、独立を宣言しました。そこで司馬懿《しばい》が、自ら軍を率いて征伐しに行きます。そして二三八年から三九年にかけて、公孫淵と戦争をするのです。

実はこのとき、卑弥呼《ひみこ》の使いの難升米《なしめ》が、洛陽へ行くためにこの地を通過しているのです。戦争中ですから、あたりを魏の兵隊が取り囲んでいたはずです。普通だったら、異国の人間が通過などできるはずがありません。ところが卑弥呼の使いは無事、洛陽まで行き、本国へ帰っていきました。

なんでそんなことができたのでしょうか。司馬懿が卑弥呼の使いの洛陽行きを、許可したからに違いありません。兵站《へいたん》線でスパイなどの取り締まりをしていた部下に、卑弥呼の使いの一行を通すよう通達し、便宜を図《はか》ってやったのでしょう。なぜ、そんなことをしたのでしょうか。

邪馬台国に関しては、テレビのドキュメンタリー番組などでもよく取り上げられます。しかしこの時の司馬懿とのやりとりが取り上げられることは、ほとんどありません。私は、『三国志』に記されているこの時のエピソードは、非常に重要だと考えています。なぜなら、なぜ司馬懿が卑弥呼の使いに便宜を図ってやったかを考えることで、邪馬台国は近畿ではなく、九州にあったと推測できるからです。

司馬懿がこのとき、卑弥呼の使いを通してやったのは、当然、そうすることにメリットがあったからです。これはもちろん私の憶測ですが、司馬懿はおそらく、邪馬台国とは仲良くしておきたかったのでしょう。次にこの地域で反乱があったとき、応援の兵隊を要請できる、いや、抑止力にもなると期待したのでしょう。それは邪馬台国が九州にあればこそ可能なことです。もし関西にあったとしたら、要請を受けても、すぐに兵を出すことはできません。

ちなみに邪馬台国からは、魏より呉《ご》のほうが近い場所にあります。それなのになぜ、卑弥呼の使いは呉ではなく、魏に向かったのでしょうか。それはきっと、邪馬台国は大陸についてきちんと研究をしていて、どこと関係を結べばよいかが、解っていたからだと思います。中国は今、三つに分かれているけれど、一番強くて将来性がある国は魏だということを、見極めていたのだと思います。

コラム

女王の国、邪馬台国とは

邪馬台国は二〜三世紀の日本に存在していた国の一つです。「やまたいこく」という発音は、新井白石《あらいはくせき》などによる説です。邪馬台国は約三〇あった倭《わ》の連合国の都で、女王卑弥呼《ひみこ》の宮室がありました。このあたりでは二世紀に大乱があり、卑弥呼という巫女《みこ》を立てて混乱を抑え、国を鎮めたとされています。『山海経《せんがいきょう》』

には「倭は燕《えん》に属す」、『漢書《かんじょ》』には「楽浪《らくろう》海中に倭人あり。分かれて百余国をなす。歳時を以って、来たりて献見す」との記述があります。また『後漢書《ごかんじょ》』の中に記述がある金印が、現在の福岡市にある志賀島《しかのしま》から発見されています。

『三国志』と『後漢書』での邪馬台国の表記の違い

邪馬台国《やまたいこく》の女王・卑弥呼《ひみこ》の使いである難升米《なしめ》が魏《ぎ》を訪れたのは、二三八年のことでした。

『三国志』の「魏志東夷伝《ぎしとういでん》」の中にそのことが記されています。この記述が一般的に言う「魏志倭人伝《わじんでん》」です。これはあくまで記事の名であって、一冊の書籍ではありません。

実は『三国志』の中では、「邪馬台国」という言葉は一回しか使われていません。その他は五回ほど、「女王国」という言葉が使われています。

また正確には『三国志』では「邪馬壹（壱）国（ヤマイチコク）」と書かれています。

いっぽう『後漢書《ごかんじょ》』では「耶馬臺（台）国（ヤマタイコク）」と書かれているのです。「壱」と「台」の違いがあるのですが、どちらが正しいのかはよくわかっていません。

第一章でお話ししたように、本来の時系列とは異なり、『後漢書』は『三国志』より後に書かれています。通常なら『後漢書』は、三国時代に書かれるべきでした。しかし当時は三国それぞれが、自分たちが後漢の正統な後継者だと主張していました。そのままだとどの書物が正統なものか、判らなくなります。そこで後《のち》の混乱を避けるために、『後漢書』の執筆は途中で止められていたのです。

そして晋《しん》の時代になり、まず二八〇年以降に『三国志』が執筆されます。その後、改めて史料を集めたうえで、四三二年に『後漢書』が成立したというわけです。『後漢書』にはみなさんがよく御存じの、五七年に「倭の奴《な》の国王が光武帝《こうぶてい》から金印を受けた」との記述があります。この『後漢書』で「耶馬臺（台）国」と書かれていたため、その後の史書でもすべて「邪馬台国」と表記されています。

また「ヤマタイコク」＝「ヤマト」という音の類似性が、かつて「大和《やまと》」と呼ばれていた近畿に邪馬台国があったという説の一つの根拠となっています。

一方『後漢書』の「耶馬臺（台）国」の文字は、より古い原典である『三国志』に記されていた「邪馬壹（壱）国」の文字を、書き間違えた可能性もあります。

もしそうであれば、近畿説は途端に怪しいものになってしまいます。私が北九州説を支持しているのには、このような背景もあるのです。

『三国志』を書いたのは、蜀《しょく》と晋の官僚だった陳寿《ちんじゅ》です。彼の父親は、諸葛亮《しょかつりょう》の命に背いて大敗北を喫して処分された馬謖《ばしょく》の副将を、王平《おうへい》とともに務めていました。王平は独断で戦を進める馬謖を諫《いさ》め、意見しました。しかし陳寿の父親は、そのような意見をすることなく、馬謖の言うままに従ったようです。

そのため馬謖が逃げ帰ってきた時、王平には何のお咎《とが》めもありませんでしたが、陳寿の父親は丸坊主にされる刑に処されます。武士が髷《まげ》を切られるような辱《はずかし》めを受けたのです。そのようなことがあったため、陳寿は『三国志』の中で、馬謖のことをあまりよく書かなかったのではないか、との説もあります。

幼帝を擁した魏で権力争いが始まる

さて卑弥呼《ひみこ》の使いが来て以降、魏ではどんなことがあったのか。まず二三九年に、皇帝の曹叡《そうえい》（明帝《めいてい》）が亡くなります。その後継者を誰にするかが問題になるわけですが、曹叡の男子は皆早世していました。そこで出自ははっきりしないものの、曹叡の兄の孫とされていた斉王《せい》の曹芳《そうほう》が魏の第三代皇帝となります。

　この時、曹芳はまだ八歳でした。当然、彼に政務はできません。そこで司馬懿《しばい》が後見役になります。これまでの戦で大きな功績をあげてきた司馬懿は、政治運営においても強い発言力を持つようになります。

　ただ曹芳の後見役にはもう一人、曹爽《そうそう》がいました。曹操の甥で戦でも活躍してきた曹真《そうしん》の息子です。曹爽は曹叡から寵愛され、大将軍の位にいました。しかし戦での功績は全くありません。また彼は「爽」という名前に似合わず、むしろ腹黒い人物でした。そんな曹爽は、なんとか司馬懿を追い落とそうと懸命に画策します。

　曹爽の腹心には、何進《かしん》の孫である何晏《かあん》を筆頭に、李勝《りしょう》、畢軌《ひつき》、丁謐《ていひつ》、桓範《かんはん》らがいました。これら腹心も曹爽に似て、あまり立派と言える人物ではありませんでした。例えば何晏は、美男でたいそうなナルシストでした。手鏡で自分の顔を見てはうっとりし、歩くときも自分の影のかたちを気にしていたと言います。

　ちなみに「散歩」という言葉は、何晏から生まれたとの説があります。今でも「○○散」という薬があるように、「散」は粉薬を意味します。当時、何晏が五石散《ごせきさん》という麻薬のようなものを服用し、ふらふら歩いていたことから、散歩という言葉が生まれたと言われています。

曹爽の側近は、このようないかがわしい曲者《くせもの》が多く、聡明で先行きを見透せる人物は、あまりいませんでした。そのため、司馬懿を追い落とそうとしても、なかなかうまくいかなかったのです。例えば曹爽は、司馬懿から実権を取り上げるため、名誉職である皇帝の養育係、太傅《たいふ》にします。ところが彼の軍事的な実績が消えるわけでもなく、司馬懿の権威はまったく揺らぎませんでした。

焦った曹爽と腹心らは、武功をたてようと蜀《しょく》を攻めます。それが二四四年に起きる興勢《こうせい》の役《えき》です。ただ蜀の狭い桟道《さんどう》を通って蜀と戦うことは、歴戦の武将でも難しいことでした。物資を運ぶだけでも大変なことです。だからこそ諸葛亮《しょかつりょう》は猫車のような道具を考案したわけですが、曹爽にはおそらく、そのような智恵はなかったのでしょう。

曹爽らは一〇万人という数を頼みに進軍はしたものの、思うように事は運びません。やがて、蜀の兵隊が高所から石を落とし、曹爽の兵は散々な目にあって逃げ帰りました。結局、曹爽は司馬懿の追い落としに失敗します。

呉では孫権が錯乱し、混乱が続く

続いて呉についてはどうでしょうか。呉では孫権《そんけん》が晩年になって錯乱していきます。その結果、国が乱れ、どんどん衰退していきます。

孫権が錯乱した理由としては、「七縦七擒《しちしょうしちきん》」で紹介したごとく諸葛亮《しょかつりょう》が何らかの策を講じ、孫権にアヘンを使わせたのではないかと私は疑っています。もちろん歴史書にそう書かれているわけではありません。あくまで小説家としての想像です。

ただ確かな事実として、二四一年に孫権の長男で、皇太子の孫登《そんとう》が三十三歳で亡くなっています。孫権は聡明な孫登を自分の後継者にしようと、大きな期待を寄せていたことでしょう。最愛の息子を失ったわけですから、精神的なショックは相当大きかっただろうと思います。

このことが原因で、精神的な不調を来《きた》し、孫権が錯乱していったことは、充分考えられます。そしてこの長男の死が、呉の衰退につながる二宮《にきゅう》事件（皇太子が二人居るかのような状態で国内が二分されること）のきっかけとなるのです。

長男が亡くなれば、普通は次男が次の皇太子になります。ところが孫権の次男の孫慮《そんりょ》は、九年前に二十歳で夭折《ようせつ》していました。そこで皇太子は、三男の孫和《そんか》ということになりました。ただそのことに不満を持つ孫一族もいました。そこで孫権は、四男の孫覇《そんは》にも孫和と同じ待遇を与えるのです。このことが後に、大きな災いとなるのです。

家臣たちは将来、どちらが真の後継者となるか不安なので、疑心暗鬼になっていきます。やがて孫和を支持する者と、孫覇を支持する者とで争いが生じます。その結果、国内が二分され、家臣団による内紛が九年間も続いたのです。そのような状態で、健全な国の運営ができるわけがありません。

ちなみに孫和の和を「カ」と読むのは、「ソンワ」では「孫覇（ソンハ）」との区別が難しかったため、日本人がそのように音読みしたのだと思います。「和」は「英和辞典」のように、日本のことを意味します。ただ「魏志倭人伝《ぎしわじんでん》」の頃は、日本を指す言葉として「倭」が使われていました。「倭」はもともと野蛮人という意味が込められた差別語です。そのため明治の頃、日本では「和」を使うように変更したのでしょう。

二宮事件については、何といっても孫権の責任が大きいと思います。彼がもう少ししっかりしていれば、事態はあそこまで深刻なものにはならなかったはずです。「後継者はどちらか明確にしたほうがいい」と、諫《いさ》めた人も中にはいたでしょう。一応、かたちのうえでは後継者は孫和ということになっていました。そこで孫権は、この問題の解決をずっと先延ばしにしてしまうのです。

家臣の分裂に、孫和の母親である王《おう》夫人と、孫権の娘である孫《そん》魯《ろ》班《はん》の不和が、さらに火に油を注ぎました。孫魯班は、孫権が病気で寝こんだ時、「孫和は、病気回復の祈禱も行わず張休《ちょうきゅう》（孫和の妻の叔父）の屋敷で謀議をしていた」などと讒言《ざんげん》します。孫権は激怒し、孫和は孫権から疎《うと》まれるようになります。ちなみに孫魯班は、全琮《ぜんそう》に嫁していたので、全公主という名でも呼ばれています。

このような事実かどうかわからない讒言や密告を、両派が繰り広げます。聡明な君主であれば、そのような話にいちいち反応はしなかったでしょう。泰然《たいぜん》自若《じじゃく》としていればよいのです。しかし孫権は錯乱し始めているため、言われることを鵜呑みにしてしまいます。

当初、孫権は楊竺《ようじく》が進めていた孫覇の立太子に同意していました。しかし孫和がそれを知り、自分を支持している陸遜《りくそん》に報告します。そして陸遜が上表して諫めると、孫権は楊竺を処刑してしまいます。かくのごとく両派の立場は度々入れ替わり、政治はますます混乱します。

このような内輪揉《も》めを続けていては、とても他国と戦争をして勝てるわけがありません。幸いなことに、当時の魏《ぎ》でも内輪揉めが起きていました。曹爽《そうそう》が司馬懿を追い落とすことに躍起になっていたのです。そのようなこともあり、魏との本格的な戦争は起きませんでした。曹叡《そうえい》（明帝《めいてい》）がもう少し長生きし、司馬懿が攻めてくれば、呉は確実に敗北していたでしょう。

コラム　長男が王位を継承することは珍しい？

孫権《そんけん》の長男の孫登《とう》は、三十三歳の若さで病死し、孫権の後を継ぐことはありませんでした。儒教は長男相続が基本ですが、実は長男がすんなり王位や帝位を継承できることは、中国の歴史においてむしろ少ないのです。継承できないどころか、後継者争いに巻き込まれ、悲劇的な生涯を送っている人の方が圧倒的に多いのが現実です。

例えば始皇帝《しこうてい》の長男の嬴扶蘇《えいふそ》は、とてもよくできた人物で、日頃から父を諫《いさ》めたりもしていました。そのため始皇帝から疎《うと》まれ、遠方に赴任させられましたが、始皇帝は嬴扶蘇を後継者にするつもりでした。ところが嬴扶蘇は、趙高《ちょうこう》という宦官の謀略によって自害させられてしまいます。嬴扶蘇が後を継いでいれば、秦《しん》があんなに短命で終わることはなかったでしょう。

劉邦《りゅうほう》の長男の劉盈《りゅうえい》も、まともな人でした。劉盈は劉邦の死後、一応、皇帝（恵帝《けいてい》）にはなります。しかし母親の呂《りょ》后が、劉邦の寵愛のもと、自分の息子を皇太子にすることを画策していた戚《せき》夫人を凄惨なリンチにし、惨殺します。その死体を見せられた劉盈はショックで、酒色に溺れるようになり、早世したのです。

前漢《ぜんかん》の武帝の長男の劉拠《りゅうきょ》は、武帝にへつらう官吏の讒言《ざんげん》により追い詰められ、巫蠱《ふこ》の乱を起こして死にました。後漢《ごかん》の光武帝《こうぶてい》の長男の劉彊《りゅうきょう》は、従順でなかった郭《かく》皇后が疎まれ廃されたことで、自分から皇位継承を返上しています。曹操《そうそう》の長男の曹昂《こう》は、曹操の浮気が原因で起きた戦中に、曹操を助けるために死んでいます。

隋《ずい》の文帝《ぶんてい》の長男、楊勇《ようゆう》は、弟の楊広《こう》（のちの煬帝《ようだい》）にいびり殺されました。その煬帝の長男の楊昭《ようしょう》が病死した際は、楊勇の祟《たた》りではないかと言われました。

唐《とう》の高祖《こうそ》の長男の李建成《りけんせい》は、確執があった弟の李世民《りせいみん》によって、玄武門《げんぶもん》の変で暗殺されています。煬帝と李世民（太宗《たいそう》）は、ともに兄を殺して皇帝になったところなど、よく似ています。ちなみに李世民の長男の李承乾《りしょうけん》は変わりもので、風貌も言動も異様だったため廃嫡《はいちゃく》されてしまいました。

　チンギス・カンの長男、ジョチも長子相続ができませんでした。遊牧民は必ずしも長子相続というわけではありません。ただチンギス・カンの母親は、チンギス・カンを産む前に敵にさらわれ、戻されました。だからチンギス・カンの父親は、産まれた子どもが自分の子かどうか判らなかったのです。そこで戦争で殺した大将の名前「テムジン」を、そのまま息子の幼名につけたのです。

　そんなチンギス・カンは、自分は本当に父親の子どもなのかどうかと、悩んだこともあるでしょう。ところが因果なことに、彼は自分の奥さんもさらわれます。そして返された母親が産んだのが、長男のジョチなのです。ジョチとはモンゴルの言葉で「客人」を意味します。チンギス・カンはジョチを疎んじ、二人はずっと反《そ》りが合いませんでした。そんなジョチは、チンギス・カンの後継者にはならず、西方へ行ったきり帰って来ませんでした。ジョチは今のロシアで根を張り、息子を生みます。そのうち次男のバトゥが長男のオルダを押し退け、一二四一年に総司令官としてワールシュタットの戦いでドイツとポーランドの連合軍を破る活躍をします。その後、一二四三年に金帳汗国《キプチャクカンこく》を建てるのです。

明の初代皇帝となった朱元璋《しゅげんしょう》の長男、朱標《しゅひょう》は夭折します。朱元璋が崩御《ほうぎょ》した時には、鬼籍《きせき》に入っていました。朱標の長男の朱雄英《しゅゆうえい》も早世しました。そこで朱元璋が亡くなると、朱標の次男の朱允炆《しゅいんぶん》が、第二代皇帝の建文帝《けんぶんてい》となります。建文帝は自分たちの地位を確かなものにするために、たくさんいた叔父らの身分を落とすなどして弱体化を試みます。これに怒った建文帝の叔父である朱棣《しゅてい》が南京を攻撃して落とし、三代皇帝の永楽帝《えいらくてい》となるのです。

このように歴史を振り返ると、常に権力闘争に巻き込まれる中国の皇帝の長男がいかに大変で、受難の人生を送ったかがよく解《わか》ります。

内紛と人材不足で、自滅していく呉

この頃、蜀では孔明が亡くなったばかりで、自国を守ることに精一杯でした。とても呉《ご》を攻められるような状況ではありませんでした。この時代は三国とも国内のことで手一杯でした。そのため戦争も起きず、呉も国として延命できたのです。

ただ二宮《にきゅう》事件の内紛が続く中、呉にとって重要な人物が、次々と亡くなっていきます。中でも大きな痛手だったのが、関羽討伐や劉備を敗退させた夷陵《いりょう》の戦いで活躍した、重鎮の陸遜《りくそん》の死です。孫和《そんか》派の陸遜は、孫覇《そんは》派の讒言のひどさを孫権に意見したものの、受け入れられず、憤懣《ふんまん》の感情を抱えたまま、亡くなっていきました。

陸遜が亡くなった結果、孫覇派が主導権を握ることになります。ただしその後、孫覇派の重要人物だった歩騭《ほしつ》や全琮《ぜんそう》も亡くなります。そうして両派は、均衡状態となります。

さらに孫権は、これまでの内紛にほとほと嫌気が差したのか、七男の孫亮《そんりょう》を寵愛するようになります。やがて孫和を廃嫡し、孫覇を自殺に追い込みます。こうして二五〇年には、孫亮を皇太子としました。

以上のように二宮事件を通して、無意味な争いで多くの人間が亡くなり、呉からは優秀な人材がすっかりいなくなってしまいました。二五二年には孫権も亡くなります。孔明の甥の諸葛恪《しょかつかく》が多少活躍はしたものの、驕慢《きょうまん》な性格が災いし、孫峻《そんしゅん》によるクーデターで亡くなります。その後、呉で唯一まともな政治家と言えば、少し後に活躍する孟宗《もうそう》くらいでしょう。

コラム 孟宗の親孝行話は本当に美談なのか？

「二十四孝」の一人に数えられる孟宗《もうそう》は、孟宗竹《ちく》のエピソードでよく知られています。孟宗は真冬に筍《たけのこ》が食べたいと言う母親のために、山へ筍を取りに行きました。しかし真冬なので、筍などあるわけがありません。このままでは親不孝になると孟宗が嘆いていたら、仙人が出てきて「この筍を持っていきなさい」と言います。そして筍を親に食べさせたというのです。

この話を美談ととらえている人は多いでしょう。そのような人からは怒られてしまいますが、私はこんな滅茶苦茶な話はないと思っています。まずは、親孝行を説くのは儒教なのに、道教の仙人が出てくる時点で不自然です。

また冬に筍を要求すること自体、無茶な話です。おそらくこの母親は、認知症を患っていたのでしょう。孟宗は母親の認知症を見抜けなかったのでしょうか。そもそもこの話で孟宗が手に入れた筍は、おそらく南方の山岳族が栽培したものでしょう。呉は度々彼らと戦っていたので、取り引きは禁止されていたはずです。本当は買ってはいけない物を入手した。そこで山から降りて売りに来た人を、仙人ということにしたのだと、私は睨《にら》んでいます。

「四相」が亡くなり、衰退していく蜀

五丈原《ごじょうげん》の戦い以後の三国はみな内向きになり、内紛が起き、人材が不足します。孔明《こうめい》が亡くなった後の蜀《しょく》も同様でした。立派な人は能力を発揮する前に病没したり、暗殺されたりしています。

蜀では、もともと諸葛亮《しょかつりょう》以外にも有能な人材はいました。中でも蔣琬《しょうえん》、費禕《ひい》、董允《とういん》を加えた四人が、「四相」または「四英」と呼ばれていました。諸葛亮が亡くなって以降は、残りの三人が、国の運営に手腕を発揮していました。

四人の中では、もちろん諸葛亮が抜群の才能をもっていました。ただ蔣琬、費禕、董允の三人も、決して無能な人物ではありません。みんな優秀で、仕事ぶりもそれなりに評価されていました。諸葛亮が一〇〇点だとすると、他の三人は少なくとも、八五点くらいの仕事はしていたのではないかと思います。

蔣琬は、劉備《りゅうび》が荊《けい》州を領有していたときに仕官しました。諸葛亮なみの政治手腕、事務処理能力をもっていました。諸葛亮が亡くなった後を託され、丞相《じょうしょう》と同じ権限を与えられます。常に冷静で、道理を重んじ、自分と異なる意見も尊重しました。「人は顔が違うように考えもさまざま違う」との彼の発言が、「十人十色」という言葉の語源になったと言われています。

董允は、軍事より内政に長《た》けた人でした。皇帝の劉禅《りゅうぜん》は政治のことなどほったらかしで「后妃《こうひ》や宮女をもっと増やせ」と要求するような人物です。そんな劉禅に諂《へつら》う者が多い中、董允は「皇帝に仕える人間の数は昔から決まっていて、予算もないからそんなことはできない」と毅然と断りました。
費禕は劉璋《りゅうしょう》の外戚で、劉備が益《えき》州を支配することになった時、家臣になります。劉禅の世話係を務め、劉禅が即位すると、皇帝の勅令を伝達する黄門侍郎《こうもんじろう》となります。諸葛亮の命で呉に交渉に行った時は、諸葛恪《しょかつかく》と論戦し、その態度と返答を孫権《そんけん》に褒められました。二四四年の興勢《こうせい》の役《えき》では、王平《おうへい》とともに魏《ぎ》軍を撃退しています。

　このような三人が、協力して蜀を支えていました。しかし二四六年に蔣琬と董允の二人が病気で亡くなります。そのため政治の負担が、一気に費禕に重くのしかかるようになります。このままでは費禕も、諸葛亮のように過労で死んでしまう可能性がありました。ところが費禕は過労ではなく、魏の国から亡命していた郭循《かくじゅん》に暗殺されてしまいます。

　いずれにしろ、有能だった「四相」が二五三年までに全員亡くなります。その後も優秀な武将はいたものの、国を適切に運営できる、優れた頭脳が不在となりました。劉禅に諫《かん》言《げん》できる人物もいません。むしろ劉禅に阿《おもね》る宦官《かんがん》が権力を握っていきます。その結果、蜀はどんどん衰退していくのです。

　ただ蜀で不思議なのが、その後も皇帝は、ずっと劉禅であり続けたことです。無能で暗愚な皇帝が、野心ある臣下に引きずり下ろされることなく、必ず誰かに支えられて国として存続していくのです。
蜀ではなぜか、他国のように国を乗っ取ろうとする人物が現れません。この点は、蜀という国の大きな特徴です。

司馬懿は仮病で曹爽を油断させる

先ほど費禕が、魏からの亡命者に暗殺されたと言いましたが、この頃、魏から多くの将軍が蜀へ亡命しています。その背景には何があったのでしょうか。

魏では曹叡《そうえい》（明帝）が二三九年に病で崩御《ほうぎょ》します。その後、八歳の曹芳《そうほう》が即位します。曹芳には皇太子時代から、後見人として曹爽《そうそう》と司馬《しば》懿《い》仲達《ちゅうたつ》がつけられていました。曹叡が曹爽をつけたのは、司馬懿の独裁を防ぐためでした。しかし曹叡は曹爽の本性を知らず、裏目に出てしまうのです。

野心家で嫉妬深い曹爽は、国や曹芳のことより、司馬懿の追い落としに躍起になります。とくに功績をあげることを急ぎ、司馬懿が反対した蜀への出兵（二四四年、興勢《こうせい》の役《えき》）に大敗して以降、ますます司馬懿を敵視するようになりました。

その状況に身の危険を感じた司馬懿は、二四七年、病気療養を理由に引退して、屋敷に閉じこもってしまいます。それをいいことに、曹爽は専横政治を強めます。曹叡の皇后であった郭《かく》太后を永寧宮《えいねいきゅう》に幽閉し、好き勝手なことをしました。皇帝曹芳を廃する政変も画策します。

ところが司馬懿の隠居は、このような曹爽の動きを想定しての芝居だったのです。曹爽を油断させ、泳がせながら、司馬懿は息子の司馬師《しばし》らと権力奪取の計画を練っていたようです。

当初、曹爽も司馬懿の仮病を疑っていました。そこで曹爽の仲間の李勝《りしょう》が、遠方に赴任するための挨拶を名目に、司馬懿の家を訪れます。そこで対面した司馬懿は、とても弱々しく、下女二人に両脇を支えられていました。さらに薬を飲もうとして、口から零《こぼ》してしまう。そんな惨《みじ》めなありさまでした。会話もまったくかみあいません。そこで李勝は曹爽に、「仲達は長くもたない。もう彼を警戒する必要はない」と伝えます。

そしてある時、曹爽らは曹芳を連れて明帝（曹叡）の墓がある高平陵《こうへいりょう》へ参拝しに行きました。そのすきに司馬懿は、皇帝を蔑《ないがし》ろにして専横政治を行っている曹爽の地位を剥奪《はくだつ》するよう、郭太后に上奏します。郭太后の支持を取り付け、自分たちの行動を正当化します。そのうえで、息子の司馬師や弟の司馬孚《しばふ》に協力させ、洛陽《らくよう》の宮城を制圧してしまいました。手の打ち方が実に見事です。

曹爽ら、高平陵に向かった彼の一派は、突然の知らせに驚きます。しかし司馬懿らと戦うにしても、自分たちのところには近衛兵くらいしかいません。武力では、圧倒的に洛陽の司馬氏のほうが強いのです。司馬懿が「今、降参すれば命だけは助けてやる」と伝えると、曹爽側はしかたなく降参しました。これが二四九年に起きた「高平陵の変」の経緯です。

司馬懿は降参した曹爽らを、しばらく軟禁状態にしていました。しかし間もなく、謀反を企てていたことが判明したとの理由で、曹爽を処刑します。曹爽は降参すれば、その計画のことは情状酌量になると思っていたのでしょう。しかし司馬懿は、そんな甘い男ではありませんでした。

さらに曹爽に加担していた者共はもちろん、何も悪いことをしていない一族郎等まで全員処刑してしまいます。このように司馬懿は、事を成すときは果断に、徹底して行います。このような点も、逆に司馬懿の人気のなさにつながっていくのかもしれません。

コラム　中国史を震撼させたさまざまな「変」

「高平陵《こうへいりょう》の変」の「変」とは、基本的にはクーデターのことです。支配層間での権力闘争による政変です。「乱」は一般的に、失敗に終わったり、鎮圧されたりした反乱に使われます。「変」の場合はクーデターをしかけた方がたいてい勝っており、時の権力者は殺されるか、捕まって軟禁されるか、島流しにされたりしています。

　中国の「変」でまず思い浮かぶのが、唐《とう》の時代の「玄武門《げんぶもん》の変」です。六二六年に李世民《りせいみん》（のちの太宗《たいそう》）が起こしたクーデターで、兄と弟を待ち伏せして暗殺し、自分が権力の座につきました。李世民は自分が皇帝になるために、皇太子の兄を殺し、まずは皇太子になったのです。

　変わったところで、クーデターとはいえないかもしれませんが「靖康《せいこう》の変」というものがあります。一一二六年に、北宋《ほくそう》の都が女真《じょしん》族の金《きん》に包囲され、降伏します。その際、北宋側が約束を破ったため、怒った金が上皇の徽宗《きそう》と皇帝の欽宗《きんそう》を、後宮の女性や金銀財宝とともにさらってしまうのです。上皇と皇帝は、見窄《みすぼ》らしい長屋のようなところに軟禁されます。後宮の女性たちは、金の皇帝や皇族、将校らの妾や娼婦にされてしまいました。一国の君主が異国の兵に堂々と拉致されたといった意味で、異色の「変」といっていいでしょう。

「靖康の変」と文字が似ていて紛《まぎ》らわしいのですが、「靖難《せいなん》の変」というものがあります。一三九九〜一四〇二年、明《みん》の時代に起きた変です。これは明の初代皇帝の洪武帝《こうぶてい》が崩御した時、長男も亡くなっていたため、長男の息子が建文帝《けんぶんてい》になりました。しかし彼が取った地方王弱体化政策に、洪武帝の息子たち、つまり建文帝の叔父らが反発します。叔父と甥が四年間も戦ったすえ、南京が落とされ、建文帝はその後に行方不明となってしまいます。そして勝った叔父が、永楽帝《えいらくてい》となるのです。

　さらに中国史上でも珍しい、極め付けの変が「土木《どぼく》の変」です。同じく明の時代、一四四九年の出来事です。正統《せいとう》という明の皇帝が、西モンゴルの遊牧民族と戦います。この際、正統帝は自ら討伐に向かったのですが、土木堡《どぼくほ》で敵に捕まって捕虜になってしまいます。明はしかたがないので、正統帝の弟を、皇帝（景泰《けいたい》帝《てい》）に立てます。ところがその後、正統帝が返還されます。しかたがないので正統帝は軟禁されたうえ、上皇となりました。しかしその後、景泰帝は病に伏し、正統帝が重祚《ちょうそ》し、天順帝《てんじゅんてい》となります。中国史にはこのように同じ人が二度、皇帝になった事例が三つあります。残りの二回は則天武后《そくてんぶこう》によるものです。

ついでに日本で一番、有名な変といえば明智光秀による「本能寺の変」でしょう。この時、織田信長は討《う》たれましたが、死体は出てきませんでした。そのため「信長はその後もどこかで生き続けていた」などと言う人がたまにいます。それはおかしな話です。信長が生きているなら、隠れている必要はありません。秀吉もいることだし、普通に出てくればいいだけではないでしょうか。

魏から蜀へ亡命する武将が増加

「高平陵《こうへいりょう》の変」以降、司馬《しば》一族に権力が集中し、司馬懿《い》を中心とした司馬一族の天下となっていきます。ところがそれと同時に、司馬氏はその後、だんだん人気がなくなっていきます。

曹爽《そうそう》はそれまで、私利私欲のもと、かなり悪どいことをしてきました。そのような人物を排除したわけですから、普通なら英雄として、司馬懿を支持する人々が増えていいはずです。ところがその後、そうはなりませんでした。

その理由の一つには、曹爽に「命だけは助けてやる」と言っておきながら処刑し、権力を奪った司馬懿の人間性に対する不信があるからでしょう。さらにその後、官職に就《つ》くのはみんな司馬一族だったため、周りから反感を買うようになっていったのです。

そういったこともあり、この時期以降、魏《ぎ》から蜀《しょく》へと亡命する人が増えていきます。費《ひ》禕《い》を殺した郭循《かくじゅん》も、その一人だと言われています。ただ郭循が本心で亡命し、なんらかの理由で単独で費禕を殺したのか。それとも、最初から魏の刺客として偽りの亡命をして費禕を殺したのか。そこのところは諸説あってよくわかりません。

一般的には司馬氏から「費禕を殺してこい」と命令され、偽装して亡命したのではないかと見られています。郭循の親族はその後、みんな官職が上がっているからです。ただこの対応は、本当に亡命した郭循を、魏側で勝手に「亡命したふりをしたのだ」とでっち上げた可能性もあります。蜀へ亡命した人に対して、立場を失わせるためのメッセージだったとも考えられます。

ちなみに魏から蜀へ亡命した人の中で有名なのが、夏侯淵《かこうえん》の息子の夏侯覇《は》です。彼は親戚の夏侯玄《げん》が曹爽と仲が良かったため、司馬氏から睨《にら》まれていました。このまま魏にずっといても、出世の見込みはありません。さらに仲の悪かった郭淮《かくわい》が、夏侯玄に代わって征《せい》西《せい》将軍になりました。

そこで身の危険を感じ、蜀へ亡命したと言われています。

司馬一族の横暴に対する反乱が続く

魏《ぎ》から蜀《しょく》への亡命が増えた背景には、もともと夏侯《かこう》氏と蜀の縁が深かったことも要因としてあります。官渡《かんと》の戦いで曹操軍と袁紹《えんしょう》軍が睨み合っていた時、袁紹側にいた劉備《りゅうび》の部下は新参者だったため、寝返りを警戒され、前線に送られませんでした。そこで張飛《ちょうひ》が曹操の故郷で攪乱戦を行い、夏侯氏の娘を攫《さら》ってきました。それも慰みものにするのではなく、きちんと自分の奥さんにしました。張飛は部下に対しては平気で暴力をふるう粗暴な男でしたが、女性には初心《うぶ》で優しかったのかもしれません。

そんな張飛と夏侯氏の女性の間に生まれた娘が二人とも、後に劉禅《りゅうぜん》の皇后になるのです。よって夏侯氏は、蜀の皇室と血縁関係だったのです。そこで夏侯覇は、蜀に逃げてもそれなりの待遇で受け入れられるだろうと思っていた節があります。

その後も魏では反乱が続きます。二五一年には、大尉《たいい》（軍事部門のトップ）の王淩《おうりょう》による乱が起きました。王淩は甥の令狐愚《れいこぐ》とともに、幼い曹芳《そうほう》（斉《せい》王）を廃位し、曹丕《そうひ》の異母弟・曹彪《そうひょう》を擁立しようと画策します。目的は、曹芳の後ろ盾として権力を振るう司馬《しば》懿《い》の排除でした。しかしこの情報が事前に漏れ、王淩は司馬懿に捕らえられ、自死させられます。曹彪も死罪となります。この王淩の乱の後、曹家の血縁者は、鄴《ぎょう》にて厳しい管理下に置かれることになります。

ただこの年、司馬懿が目の病で亡くなります。そして後を長男の司馬師《しばし》が継ぐことになります。さらに二五四年、斉王の曹芳が、李豊《りほう》や夏侯玄《かこうげん》と組んで、司馬師の排斥をもくろみます。しかしこのクーデターは、事前に司馬師に察知され、失敗しています。李豊、夏侯玄らは処刑されました。曹芳は女色にひたり、政を顧みなかったとの理由で廃位され、曹丕の孫、曹髦《そうぼう》が十二歳で第四代皇帝となるのです。

曹髦は幼少の頃から、「曹操の生まれ代わり」と言われるほど利発で、才気あふれる人物でした。司馬氏が権力を振るううえでは、もっとも邪魔になる男です。ですから司馬氏は、曹髦の即位には反対し、曹拠《そうきょ》（曹丕の異母弟）を推していました。しかし郭《かく》皇太后がそれに強硬に反対し、最終的に曹髦の即位が決まるのです。

さらに翌年の二五五年には、司馬師への反発から、夏侯玄や李豊と親しかった毌丘倹《かんきゅうけん》が、曹爽の寵臣だった文欽《ぶんきん》とともに反乱を起こします。しかしこれも司馬師に鎮圧されます。文欽は数万の軍勢とともに呉の国へ亡命しました。いっぽう毌丘倹は、呉へ逃走する途中で射殺されてしまいます。

このようにこの時期の魏では日々、権力を強めていく司馬氏と、それに反抗する者との争いが後を絶ちませんでした。

コラム　中国の姓名とは

「令狐愚《れいこぐ》」や「毌丘倹《かんきゅうけん》」という変わった苗字を聞いて、漢人ではなく異民族ではないかと思った人もあるかもしれません。しかし彼らは漢民族です。中国人の姓で一番多いのは「劉」「曹」「孫」などの一字姓です。現代の中国では、「王」「李」「張」「劉」「陳」を名告る人が多く、五大姓と言われています。ただ三国志の後半になると、「諸葛《しょかつ》」「公孫《こうそん》」「司馬《しば》」など、二字姓（複姓ともいう）の人がよく出てきます。特別な理由があってそうなっているわけではありません。漢民族にも、二字姓の人は少なくないのです。

ただ三文字や四文字の姓となると、たいていの場合、異民族のケースが多いです。一番有名なのは清王朝を打ち立てた女真《じょしん》族の「愛新覚羅《あいしんかくら》」です。

中国の姓は基本的に、漢なら「劉」、魏なら「曹」、晋なら「司馬」といった具合に、皇帝でも姓があります。天皇（姓がない）から臣下がいただくのが基本だった日本の姓とはかなり異なる概念です。ちなみに日本人の姓の数《かず》は世界で一番多く、十数万、読み方の違いも考慮すれば三〇万くらいあると言われています。

呉では二宮事件後もクーデターが続く

二四一年、孫登《そんとう》の没後呉では一〇年以上続いた孫和《そんか》と孫覇《そんは》の対立、いわゆる二宮《にきゅう》事件が二五〇年にようやく決着しました。孫権《そんけん》は両派の長年続く対立に、とことん嫌気が差していたのでしょう。思いもよらぬ乱暴なかたちでこの問題を終結させます。

なんと孫和を廃位して流罪にし、孫覇を自害させてしまうのです。喧嘩《けんか》両成敗とはいえ、随分お粗末な結末です。それでは誰が次の皇太子になるのかと思ったら、末っ子の孫亮《そんりょう》にお鉢が回ってきました。あれだけ犠牲を出しながら、実に安易で納得しがたい決着のつけ方です。周りの家臣たちも、きっとそう思ったことでしょう。

孫亮は、幼少の頃から聡明だったと言います。とはいえ、即位した時は、まだ九歳の子どもです。そこで諸葛亮《しょかつりょう》孔明《こうめい》の兄で、呉で活躍していた諸葛瑾《しょかつきん》の息子、諸葛恪《かく》がお守り役の太傅《たいふ》を務めました。諸葛恪は関税を廃止するなど善政を行ったこともあり、大衆の支持を集めます。そしてどんどん権力を握っていきます。

諸葛恪は用意周到な人でした。自分が権力を握ると、迅速に体制を整え、軍隊もきっちりとおさえました。また孫権が崩御すれば、すぐに魏が攻めてくることをしっかり見抜いていました。そのため、最初の魏軍の侵攻を美事に撃退します。

ただその後がよくありませんでした。勝利に勢いづき、周囲の反対を押し切って、魏への遠征を強行します。その結果、大敗してしまうのです。諸葛恪は武将として優秀で、頭もよい人物でした。ただ性格が驕慢《きょうまん》で、皇帝やその周囲への配慮を疎《おろそ》かにする傾向がありました。人事面での専横ぶりも目立ちました。そのため反発する者が多く、諸葛恪を排除しようとの機運が徐々に高まっていきます。

そして引き揚げてきた宴席で、戦況報告をしている時、対立していた孫峻《そんしゅん》に暗殺されてしまうのです。諸葛恪と孫峻はそれまで、人事などをめぐり度々対立していました。このクーデターにより、諸葛恪を中心とした一派は一掃されてしまいます。

ただその後も状況は大して変わりません。孫亮が傀儡《かいらい》であることは同じで、単に孫峻による専横政治が始まっただけでした。孫峻は孫和に自殺を命じ、気に入らない人間を処刑するなど、好き勝手なことをします。そんな孫峻に対し、何度も暗殺計画が立てられますが、事前に発覚し、首謀者が処刑されています。

その後、孫峻が病死をすると、従弟《いとこ》の孫綝《そんちん》がその権力を受け継ぎます。孫綝に対しても、何度か暗殺や反乱が起きました。あげくの果てに、長年続く臣下による専横政治に業《ごう》を煮《に》やした第二代皇帝の孫亮が、側近らとともに孫綝の暗殺計画を立てます。しかしこれも失敗に終わり、孫亮は廃位されてしまいます。彼が十五歳のときでした。

そして孫亮の異母兄の孫休《そんきゅう》が、二五八年に即位します。その後、孫休と孫綝の関係が悪化し、孫休が孫綝を処刑します。皇帝としての権力を取り戻した孫休は、武より文を重視し、農業振興に力を入れるなど、それなりに善政を行いました。しかしやがて政治は、丞相の濮陽興《ぼくようこう》や左将軍《さしょうぐん》の張布《ちょうふ》に任せきりとなり、自身は学問や雉《きじ》狩りに夢中になります。そして二六四年に、病で崩御《ほうぎょ》しました。

このように呉では、二宮事件の後もクーデターや内乱が続き、ずっと不安定な状態にありました。そして二六四年、いよいよ三国志上最悪といわれる暴君、孫晧《そんこう》が即位することになるのです。

魏、呉、蜀で活躍した諸葛三系統

蜀に諸葛亮《しょかつりょう》、呉に諸葛恪《かく》がいれば、魏には諸葛誕《たん》がいました。諸葛誕も有能な人物です。

もともと曹爽《そうそう》のもとで働いていたにもかかわらず、司馬懿《しばい》にも重用されます。しかし夏侯《かこう》玄《げん》と親密だったこともあり、司馬師の後を継いだ、その同母弟の司馬昭《しょう》の時代に反乱を起こします。

この時、諸葛誕は呉に加勢してもらうため、息子の諸葛靚《せい》を人質として送りました。そして毌丘倹《かんきゅうけん》との反乱で亡命していた文欽《ぶんきん》が、呉からの援軍として加勢しました。諸葛誕は寿春《じゅしゅん》城にこもって戦いますが、寝返りや投降者が続出し、最後は鎮圧されて戦死します。

この諸葛誕が最初に魏で仕官した時、「蜀は龍を、呉は虎を、魏は狗《いぬ》を得た」と言われました。諸葛亮が龍、諸葛瑾《しょかつきん》が虎、諸葛誕が狗だというわけです。狗とは犬のことです。この字は「功ある者」を意味し、諸葛誕への賞賛の意が込められています。諸葛亮と比べると知名度は低いものの、諸葛誕も非常に優秀な人物だったのです。

ちなみに諸葛氏は、もともと葛氏だったようです。ところが昔、その地域には葛氏がたくさんいました。そこで昔からその地に住んでいた一族を葛氏とし、よそから入ってきた人に諸という字をつけ、諸葛と呼ぶことにしたとの説があります。

現在、中国の浙江《せっこう》省には諸葛村という村があります。ここには諸葛亮から五〇代続いているという人たちが住んでいます。一応、家系図もありますが、すべてが諸葛亮の血筋だと考えるのはちょっと難しい気がします。

三国の混乱の中、権力基盤を固める司馬氏

三国志の後半は、三国すべてが混乱しており、安定した状態の国はありません。反乱や亡命が相次ぎ、昨日の味方と今日戦っていることも日常茶飯事でした。そうやって魏《ぎ》、呉《ご》、蜀《しょく》が自滅していく中、着実に権力基盤を固めていったのが司馬《しば》氏でした。

魏では司馬懿《しばい》の死後、長男の司馬師《し》が実権を受け継ぎます。司馬師は二五四年に、司馬師排斥をもくろんでいた第三代皇帝の曹芳《そうほう》を廃位します。その後、十二歳の曹髦《そうぼう》が即位します。しかしその後、司馬師は二五五年に目の病気で亡くなります。

そこで誰が彼の後継者となるかが問題になります。司馬師は子どもがいなかったため、司馬昭《しばしょう》の三男の司馬攸《ゆう》を養子にもらっていました。

当時は長男相続が基本なので、長男に子どもがいなければ、養子を長男としてもらい、家督を継がせることはごく普通のことでした。司馬攸は温厚で礼儀正しく、頭もよい。後継者にはふさわしいすばらしい人物でした。

ところが司馬攸が後継者になることを、嫌う人たちもいました。司馬攸のような真面目で有能な人物が上に立つとやりにくい、自分たちが好き勝手なことができない、と考える司馬一族です。そのため、司馬攸が後継者になることを、妨害し始めます。

そこでその後は、弟の司馬昭が代理として、政治を仕切ることになります。皇帝の曹髦はもちろん傀儡《かいらい》です。曹髦が司馬昭排斥の乱を起こすと、司馬昭は賈充《かじゅう》に命じて曹髦を殺します。そして第五代皇帝に、曹操《そうそう》の孫の曹奐《そうかん》を立てました。

こうして司馬昭も司馬氏の権力基盤を固めました。ただ義理堅いところがある司馬昭は、二六四年に晋《しん》王になると、養子に出した司馬攸を、晋王の後継にしようと考えていたようです。しかしまたもや、優秀な司馬攸を後継者にすることへの反対意見が噴出します。司馬師の後を司馬昭が継いだ以上、その後は、司馬昭の長男の司馬炎《しばえん》が継ぐべきだというのです。

当時、すでに司馬氏は人気がなくなっていました。あまり強硬なことをすると、権力基盤自体が失われます。司馬昭はそう考え、反対意見になびくかたちで、司馬炎を後継者にしたのではないかと思います。司馬攸はもともと野心のない人物なので、兄に遠慮していた部分もあるのではないかと思います。

このようなかたちで家督を継いだ司馬炎が、二六五年に魏から禅譲《ぜんじょう》を受け、晋（西晋）を建国して武帝《ぶてい》となります。そのうえで呉を滅ぼし、最終的に三国を統一することになるのです。その過程で繰り広げられる事件や人間模様など、あまり知られていない三国志終盤の世界を、これからさらに掘り下げていきます。

コラム

真面目すぎた司馬攸のその後

中国の歴史上には、真面目で優秀だったがゆえに、不遇な目にあった人物が数多くいます。司馬攸《しばゆう》もまさにその典型的な一人といえるでしょう。司馬攸は「礼を以て自ら戒め、過《あやま》つことがなかった」と言われています。書物を借りると、誤写を訂正してから返却したと言います。もの静かで穏やかな人柄で、養母にも孝行を尽くしました。賢人に親しみ、学問を愛し、文章も巧みでした。

司馬攸は、司馬炎《しばえん》が皇帝になった後も、司馬炎の補佐をまじめに務めました。新皇帝から斉《せい》王に封《ふう》じられた後も、文武百官に適切な給与が与えられるよう手を打ち、災害時には布施米を配りました。官僚や役人の汚職を批判し、綱紀粛正を訴えました。もはや権力の中枢からは外れ、おべっかを使う必要のない司馬攸を、史書では良く書いています。だから本当に立派な人だったのでしょう。

そんな司馬攸に、再び注目が集まる時が来ます。晋の初代皇帝となった司馬炎(武帝《ぶてい》)の後継者選びの時です。皇太子の司馬衷《しばちゅう》があまりにも暗愚だったため、司馬炎の後継者に司馬攸を望む声が再び高まったのです。しかし真面目な司馬攸を嫌がる司馬一族は、この時も多くいました。結果的に、司馬衷が晋の第二代皇帝、恵帝《けいてい》となります。その後、晋では八王《はちおう》の乱(後述)という権力闘争が巻き起こり、滅亡へ向かっていきます。もし司馬攸が皇帝になっていれば、晋はもっと長い期間、栄えていたかもしれません。

司馬氏が魏帝を殺し、実権を握る

二六〇年、魏帝の曹髦《そうぼう》が乱を起こしました。自分は皇帝なのに、実権は司馬氏《しばし》に握られていて何もできない。曹髦はそのような不満を募らせていました。そして側近に「司馬《しば》昭《しょう》の本心は、道行く人も知っている」と漏らし、司馬昭を討つ決意を伝え、挙兵しました。

ところがその情報は、曹髦の側近によって、すでに司馬昭に伝えられていました。とはいえこのような事態には、対応する側も困ります。本来、帝が乱を起こすことなどありえません。乱を鎮圧するために帝を殺してしまえば、その人物は末代まで、国を簒奪《さんだつ》した者の謗《そし》りを免《まぬか》れないからです。

例えば王莽《おうもう》は『平家物語』の冒頭で、大悪人の代表のように言われています。しかし彼は、経済政策に失敗はしたものの、トータルで見ればそれほど悪い人間ではなかったと私には思えます。しかし帝位の簒奪者ということで、いまだに王莽の評価は非常に低いままです。それほど天子に手をかけたり、帝の位を奪いとったりすることの罪は大きいのです。

曹髦の反乱では、まず司馬昭の弟の司馬伷《しばちゅう》が鎮圧に向かいました。しかし曹髦の部下から、「帝に手をかければ大逆罪になるぞ」と脅されます。司馬伷の兵らは恐れをなして、思い切った攻撃ができません。そこで登場するのが、司馬昭の腹心の賈充《かじゅう》です。彼は毌《かん》丘倹《きゅうけん》と文欽《ぶんきん》の乱で、司馬師《しばし》が亡くなった後、陣頭指揮をとり、成果をあげた人物です。その後、寿春《じゅしゅん》城にいた諸葛誕《しょかつたん》の様子を探り、謀反の兆しを嗅《か》ぎ取っています。

そんな賈充は、成済《せいさい》という子飼いの部下に、曹髦の刺殺を命じました。賈充は当初、成済に「帝を殺《あや》めても悪いようにはしない」と言いました。ところがいざ、成済が皇帝を殺すと、その約束を反故《ほご》にします。

結局、曹髦殺害は、成済が独断で行ったということにされました。罪人として処刑されそうになった成済は、逃げ回ります。自分の屋敷の屋根に登り、大声で「賈充が自分に命令して曹髦を殺させたのだ」と訴え、彼への罵詈雑言《ばりぞうごん》をぶちまけました。

しかし下から矢を射られ、殺されてしまいます。そして曹髦殺害の罪は、すべて成済に背負さわれ、彼の一族は処刑されてしまいました。公式には、成済が郭《かく》皇太后（曹叡《そうえい》の皇后）の殺害をもくろみ、宮殿に入ろうとしたところを衛兵に殺された、ということにされてしまいました。

賈充が罪に問われることはありませんでした。それどころかその後、賈充は司馬昭に重要視され、出世していきます。そして賈充の娘は、後に晋《しん》の二代皇帝となる司馬衷《しばちゅう》の皇后になるのです。この賈充の娘、賈南風《かなんぷう》がとんでもない女性でした。そのことが原因で、晋の国が短命に終わったと私は考えています。このあたりについては、後でまた取り上げましょう。

いずれにしろ成済が曹髦を殺したことで、次の五代皇帝、曹奐《そうかん》が即位します。しかしこれ以降、曹家の実権はほとんどなくなります。この段階でほぼ、司馬氏へ禅譲《ぜんじょう》する基盤が固まったと言えます。すでに魏は、ほとんど司馬帝国になっているのです。

司馬氏が曹髦を殺したことは、周囲の人間はだいたいわかっています。次の皇帝の曹奐が、かたちだけの傀儡《かいらい》であることも明らかです。しかしそんなことは、誰にしろ公には言えません。司馬氏に盾突けば、大変なことになる。そのことがみんな解っているので、誰も逆らえなかったのです。

隠れた才能を見抜いた司馬懿の慧眼

いっぽう蜀《しょく》には、費禕《ひい》が亡くなった後、きちんと政治を行える人物がいません。そのためどんどん衰退していきます。そんな蜀の状況を見ていた司馬昭《しばしょう》は、蜀侵攻を決断していました。この戦いで大きな役割を果たしたのが、魏《ぎ》の将軍である鍾会《しょうかい》と鄧艾《とうがい》、蜀の将軍の姜維《きょうい》の三人です。

鍾会は、後漢の元老だった鍾繇《しょうよう》の息子です。幼少の頃から頭脳明晰で、多才ぶりを発揮していました。さらに孟子《もうし》の母親並みに教育熱心だった母親によって、厳しく教育されています。戦略家としても優秀で、「前漢《ぜんかん》の張良《ちょうりょう》（子房《しぼう》）に匹敵する」と言われました。夏侯覇《かこうは》は鍾会を「蜀や呉にとって非常に厄介な存在」と評しています。

鄧艾は役人でしたが吃音《きつおん》で、人づきあいが苦手でした。そのためなかなか出世もできませんでした。彼はいつも一人で山や沼を観察しては、どこに陣を張ったらいいかを考え、地図に書き記していました。そんな彼の行動を、馬鹿にしている者も多くいました。ただある時、その才能が司馬懿《しばい》に認められます。鄧艾は農業関係の役を与えられます。そして川から荒地に水を引いて用水路をつくり、水田をつくって収穫を増やすなどの功績を残しました。彼がつくった運河が兵員輸送に大きな効果をあげ、前述した王淩《おうりょう》と令狐《れいこ》愚《ぐ》の乱の鎮圧にも貢献しました。

その後は、姜維の北伐《ほくばつ》を阻止したり、匈奴《きょうど》対策を進言したり、毌丘倹《かんきゅうけん》の乱を抑えるなど、武人、戦略家としても活躍していきます。このように、みんなから馬鹿にされていた鄧艾の隠れた才を見抜いた点からも、司馬懿のリーダーとしての優秀さが判ります。

姜維は「天水《てんすい》の四姓」といわれた名族の出身で、現在の甘粛《かんしゅく》省南部にいた人です。この地域は、昔から魏と蜀の国境線が不明確な場所でした。国境は戦いによって日々、変わっています。そのため、たまに自分でもどちらの国に所属しているのか、判らなくなったりします。魏の役人が調べに来たり、軍隊が駐留したりしていることで、初めて自分は魏に所属しているのだと判るような状態でした。

姜維は、もともと魏の勢力が強い場所にいたため、魏の軍隊に所属していました。ところがその後、蜀の勢力が強くなり、寝返る人が続出します。姜維は寝返るつもりはなかったようですが、魏軍から寝返りを疑われます。その結果、魏にいられなくなります。そこでしかたなく、蜀に付いたのです。諸葛亮《しょかつりょう》は姜維のことを、「仕事に忠実で思慮が緻密《ちみつ》、兵の気持ちがわかり、用兵に秀でている」と、高く評価しています。

魏に攻撃され、あっさり降伏する劉禅

姜維《きょうい》は諸葛亮《しょかつりょう》の死後、何度か将軍として北伐をしています。しかしその度に鄧艾《とうがい》らに大敗し、蜀《しょく》の国力は弱まりました。そのため蜀では、北伐を批判する論調が高まります。宦官《かんがん》に牛耳られている宮廷も、北伐には消極的です。そのため北伐を主張する姜維は、だんだん孤立していきました。しかたがないので姜維は北伐をしばし諦《あきら》め、漢中《かんちゅう》（秦嶺《しんれい》山

脈の南、四川省の北）で守備に徹していました。

そのような蜀の状況を見て、二六三年に司馬昭《しばしょう》は、蜀への進軍を決めます。そして鍾《しょう》会《かい》の進撃を知った姜維が防衛に向かうと、鄧艾《とうがい》が横から攻撃を仕掛けてきました。姜維は両方と戦うこととなり、苦戦しました。防衛のため、鍾会は諸葛緒《しょかつしょ》とともに移動を繰り返します。一方の姜維は剣門関《けんもんかん》に籠もり、魏の鍾会と諸葛緒らの主流軍を釘づけにします。双方で睨み合ったり、戦ったりを繰り返しました。

そのうち、鄧艾が迂回《うかい》して山を削り、谷に橋を架ける突貫工事を行い、諸葛瞻《しょかつせん》を討ち取って成都《せいと》に入ることに成功しました。治水事業で水路や運河を開墾した経験がここで生きるのです。それに対し成都側は、どう防衛していいのかわかりません。姜維は鍾会と対峙しているため、成都に戻れませんでした。

するとなんと劉禅が、あっさり降伏してしまうのです。その時、劉禅や太子、諸王、高官ら六〇名余りがみな白装束に着替えて出てきます。劉禅は棺桶を担いで後ろ手に縛り、門の外に出てきたといいます。日本人には奇異な風景に思えますが、秦《しん》が滅びるときに、第三代皇帝（嬴子嬰《えいしえい》）が同じようなことをしています。中国での降伏の一つの形式なのでしょう。

ちなみに中国では、今も白は葬式や死を意味します。日本でも死体に白い服を着せたりはしますが、結婚式でも白い服を着ます。日本人にとって白は、必ずしも死の衣装ということでもないようです。ただ日本の白無垢《しろむく》を見た中国人は、結婚式で葬式の格好をしていると、恐怖心を抱くようです。

それにしても、姜維らが死に物狂いで頑張っていたのに、まったく戦う気なしに降伏してしまう劉禅は、本当にひどいリーダーです。今まで蜀のために戦ってきた人間は、「こんな人のために命を張って頑張ってきたのか」と、馬鹿馬鹿しくなったことでしょう。

コラム 漢建国の三傑「張良」「韓信」「蕭何」

鍾会《しょうかい》は、前漢《ぜんかん》の張良《ちょうりょう》に匹敵するくらい頭がいいと言われていました。張良は、韓《かん》の名族出身の優れた軍師です。彼は数々の優れた作戦で、劉邦《りゅうほう》の覇業を支えました。劉邦は張良のことを「籌《はかりごと》を帷幄《いあく》の中《うち》に運《めぐ》らし、勝ちを千里の外に決する」と称《たた》えました。部屋の中で作戦を立てる張良のおかげで、遠い地での戦争に勝てたという意味です。

　この張良に韓信《かんしん》、蕭何《しょうか》を加えた三人を、漢建国の三傑と言います。韓信はもともと家柄の低い、無名な一兵卒でした。しかしその才能を蕭何が見抜き、劉邦に韓信を大将軍にするよう進言します。その後、韓信は項羽《こうう》との戦いで大活躍し、漢の建国に大きく貢献しました。

　ただ三傑の中で最も評価が高く、一番の功臣と言われたのが蕭何です。彼はもともと役人で、武将ではありません。そもそも戦地で命がけで戦ったわけでもない蕭何が、なぜ建国三傑に連ねられているのでしょう。

　時は秦末の動乱期。劉邦が秦の都を先に占領した時、美女や金銀財宝をわざとそのままにしました。その時、蕭何もそれらには一切、目をくれませんでした。彼が真っ先に向かったのは文書殿です。そこには秦各地の産物の収穫に関する統計などの書類がびっしり保管されていました。蕭何は項羽がやってくる前に、それをすべて持ち帰ってしまったのです。

　蕭何が資料を読むと、どこの地域でどのような作物がどれくらいとれるのかが判ります。秦がどのような仕組みで税金を集めていたかなど、国家運営に必要な情報がすべて得られました。蕭何はこれらの資料を活用することで、楚漢《そかん》戦争においては、必要な場所に必要な量の物資や兵士を的確に補給することができました。そのおかげで、劉邦は項羽に勝つことができたのです。さらに漢が建国した後も、蕭何は丞相《じょうしょう》として内政の一切を担い、国の発展に大きく貢献したのです。

反逆者にされた鄧艾、鍾会と姜維の反乱

蜀《しょく》を滅ぼした戦いでは、鍾会《しょうかい》が成都《せいと》を落とそうと必死で頑張っていたのに、鄧艾《とうがい》に思わぬかたちで出し抜かれてしまいました。鍾会はそのことが面白《おもしろ》くありません。その後、彼は鄧艾に反感を抱くようになります。

ここで鄧艾も、過ちを犯してしまいました。戦時には、皇帝（中央の為政者）の意見を聞かずに将軍がある程度、物事を決めていい面がありました。鄧艾もその時、そう考えていました。緊急事態なので、自分でさまざまな命令を出し、司馬昭《しばしょう》が来るのを待っていたようです。

普通なら処刑するべきだった劉禅《りゅうぜん》の身を安泰にし、蜀の貴族の地位を保全する。そのような命令を出しました。鄧艾には、劉禅を保護することで、呉《ご》の降伏をうながす狙いがあったようです。ただそのような決定の報告が遅れたこともあり、司馬昭は鄧艾に対して不快感を抱きます。

そこに鍾会が付け入ります。「勝手なことをしている鄧艾を放置していてはいけません。私が捕まえます」と伝令を司馬昭に送ります。そして反逆者として鄧艾をとらえ、檻車《かんしゃ》という車がついた檻に入れ、洛陽《らくよう》へ強制送還してしまうのです。

ここでさらに訝《いぶか》しいことが起きます。実はこの頃、敵同士だったはずの鍾会と姜維《きょうい》が、仲良くなっていたのです。同じ武人同士、話が合ったのでしょう。鄧艾が温和政策により、蜀の将軍の首を切らなかったことが、裏目に出たのです。

そしてなんと鍾会と姜維が結託し、政変を起こすのです。この時、鍾会の指揮下には、魏の精鋭二〇万の兵隊がいました。ここに蜀の兵隊も加えれば、魏《ぎ》を乗っ取れる。失敗しても蜀王にはなれる。鍾会はそう考えたのでしょう。そして捕まえた鄧艾を暗殺すべく、追っ手を差し向けます。

ところが、そんな鍾会の動きを知った魏の将軍、胡烈《これつ》が手を打ちました。彼は他の武将に、「鍾会は蜀を乗っ取り、お前たちを処刑するつもりだ」と偽の情報を流します。その話を信じた武将とともに、胡烈は鍾会を倒し、姜維も殺しました。

さらに胡烈は部下に命じ、鄧艾を追跡し、解放させようとします。ところが今度は、鍾会に協力した将兵が反抗します。鄧艾が解放されれば、自分たちが鍾会に協力したことが露見すると恐れ、鄧艾を追撃し、殺してしまうのです。このようにして、最終的に三人の武将全員が亡くなってしまったのです。

蜀という国は劉禅の降伏によって、二六三年に滅びました。蜀を併呑《へいどん》した魏は、巨大な帝国になります。そして司馬氏が完全に魏を乗っ取るのです。

まず司馬昭は、二六五年に魏帝国の中の晋《しん》王になります。そのうえで禅譲《ぜんじょう》を受けて、皇帝になることを目指します。ところが禅譲の儀式をする直前に、司馬昭が亡くなります。その結果、長男の司馬炎《しばえん》が晋王となったうえで、禅譲を受けて皇帝（武帝《ぶてい》）になるのです。

歴史上、多くの人が権謀術数をめぐらし、多くの血を流し、帝の地位を得てきました。そのような中、司馬炎はさほど苦労することなく、漁夫の利を得るような格好で晋の皇帝になったのです。

コラム

盛《も》り塩《じお》のルーツは司馬炎にあり

みなさんは盛り塩を御存じでしょうか。塩を三角錐《すい》や円錐型にしてお皿に盛り、玄関先などに置く風習です。現在も、水商売のお店などが先客万来、商売繁盛を祈願して、よく盛り塩をしています。この風習のルーツは、司馬炎《しばえん》にあると言われています。

司馬炎は、呉《ご》を滅ぼして中国を統一した後、政治への情熱を失っていきます。そして一万人もの美女を集めた後宮に、毎晩入り浸《びた》るようになります。その時、司馬炎は羊に引かせた車に乗って、後宮の女性のもとを訪れていました。そしてその日、羊が止まった部屋の女性と夜を過ごしたと言います。そこである女性が、司馬炎に来てもらうために、自分の部屋の前に塩を盛り、塩分を欲する羊が止まるようにしたというのです。帝の興味を引くためにしたことが、その後、盛り塩の風習につながったというわけです。

愚かすぎて人気者だった劉禅

ところで蜀《しょく》が滅亡した後、劉禅《りゅうぜん》はどうなったのでしょうか。彼は洛陽《らくよう》へ連れていかれ、安楽公《あんらくこう》という名前の貴族にしてもらいます。普通であれば、首を切られていておかしくありません。まったく抵抗することなく降伏したので、命だけは助けられたようです。蜀のために命を捨てていった武将を尻目に、その後、劉禅は洛陽でお付きの女性たちと、安閑《あんかん》とした日々を過ごしています。

それも彼があまりにも馬鹿なため、一種の道化者として人気があったようです。一目劉禅を見たいという人が多く、さまざまな宴会に招かれました。

例えばこんなエピソードがあります。ある宴会で、司馬昭《しばしょう》が蜀の音楽をわざと劉禅に聴かせます。落ち込むかと思ったら、劉禅はニコニコ笑っています。司馬昭が「蜀の音楽を聞いてどうですか？」と聞くと、劉禅は「ここのほうが楽しいから何も思いません」と言ったといいます。

さすがに付き人の郤正《げきせい》が諫《いさ》め、せめて「蜀には父の墓もあるし、音楽を聴いたら悲しくなります」くらいのことは言ってくださいと伝えます。するとその様子を見ていた司馬昭が、再び「どうですか？」と聞きます。すると劉禅は、郤正が言った通りにそのまま答えました。司馬昭が「郤正から言われた通りに答えましたね」と言うと、劉禅は悪びれもせず「はい、その通りです」と答え、周囲は大爆笑したというのです。

　このような劉禅を、大人物だと評する人もいます。たしかに自分の国を滅ぼした人間に接待されてニコニコしているなんて、普通の人間にはできません。人間としての器が大きいといえば、そう言えないこともありません。とはいえ私は、劉禅は単に当事者能力がなかっただけだと思います。生まれてこのかた、何ひとつ自分の努力で得たものがない彼にとって、すべては人ごとだったのでしょう。

　こんな人物のために戦い、命を落とした人間が哀れです。長坂《ちょうはん》の戦いでは、劉備《りゅうび》が捨てて置き去りにした幼き劉禅を、趙雲《ちょううん》が命懸けで救い、連れ戻しました。もしあの時、そのまま劉禅を見捨てていたら、蜀のその後は、まったく別の歴史になっていたでしょう。

魏・曹家系図

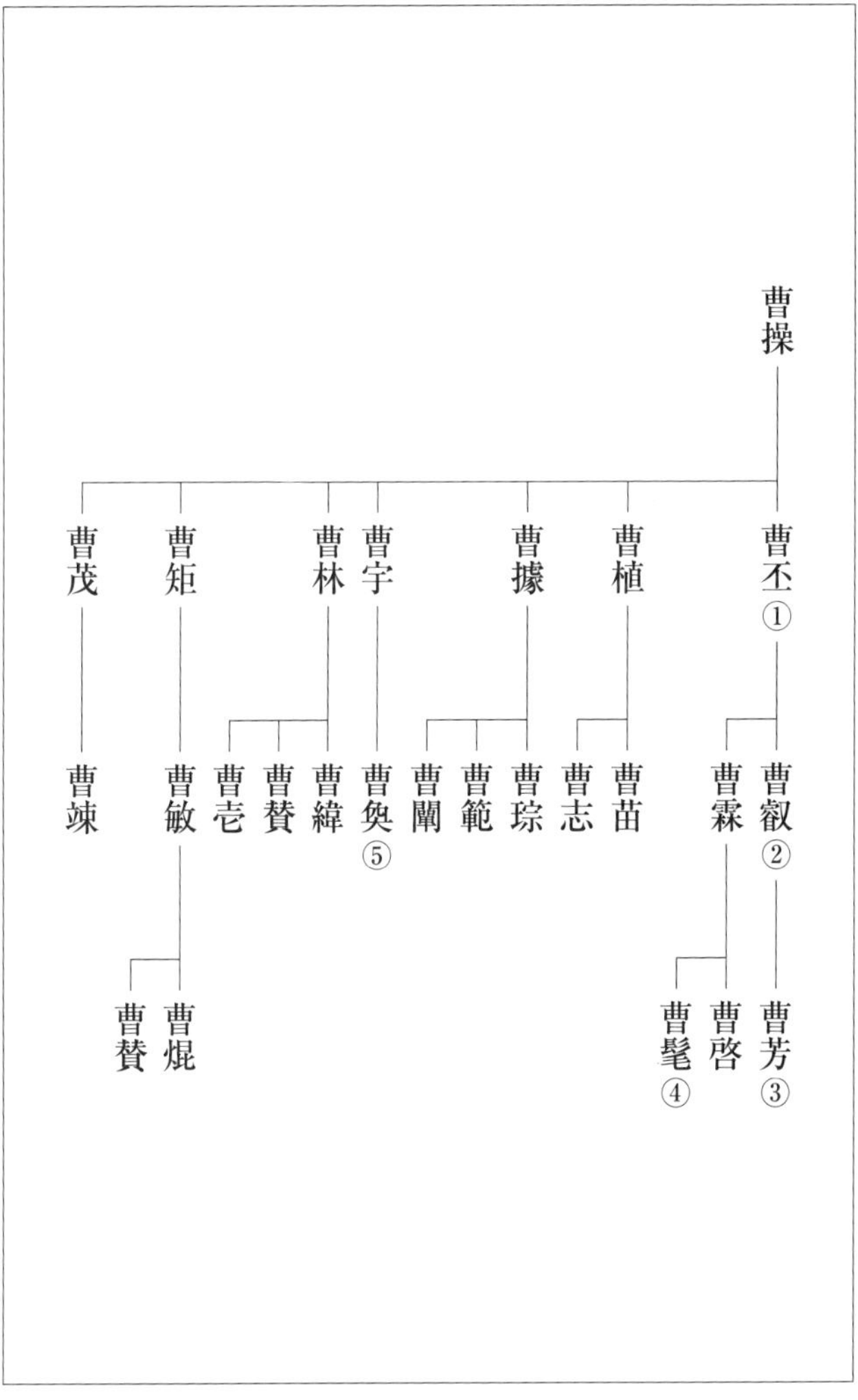

曹操
曹丕①
曹植
曹據
曹宇
曹林
曹矩
曹茂
曹叡②
曹霖
曹苗
曹志
曹琮
曹範
曹闡
曹奐⑤
曹緯
曹賛
曹壱
曹敏
曹竦
曹芳③
曹啓
曹髦④
曹焜
曹賛

呉・孫家系図

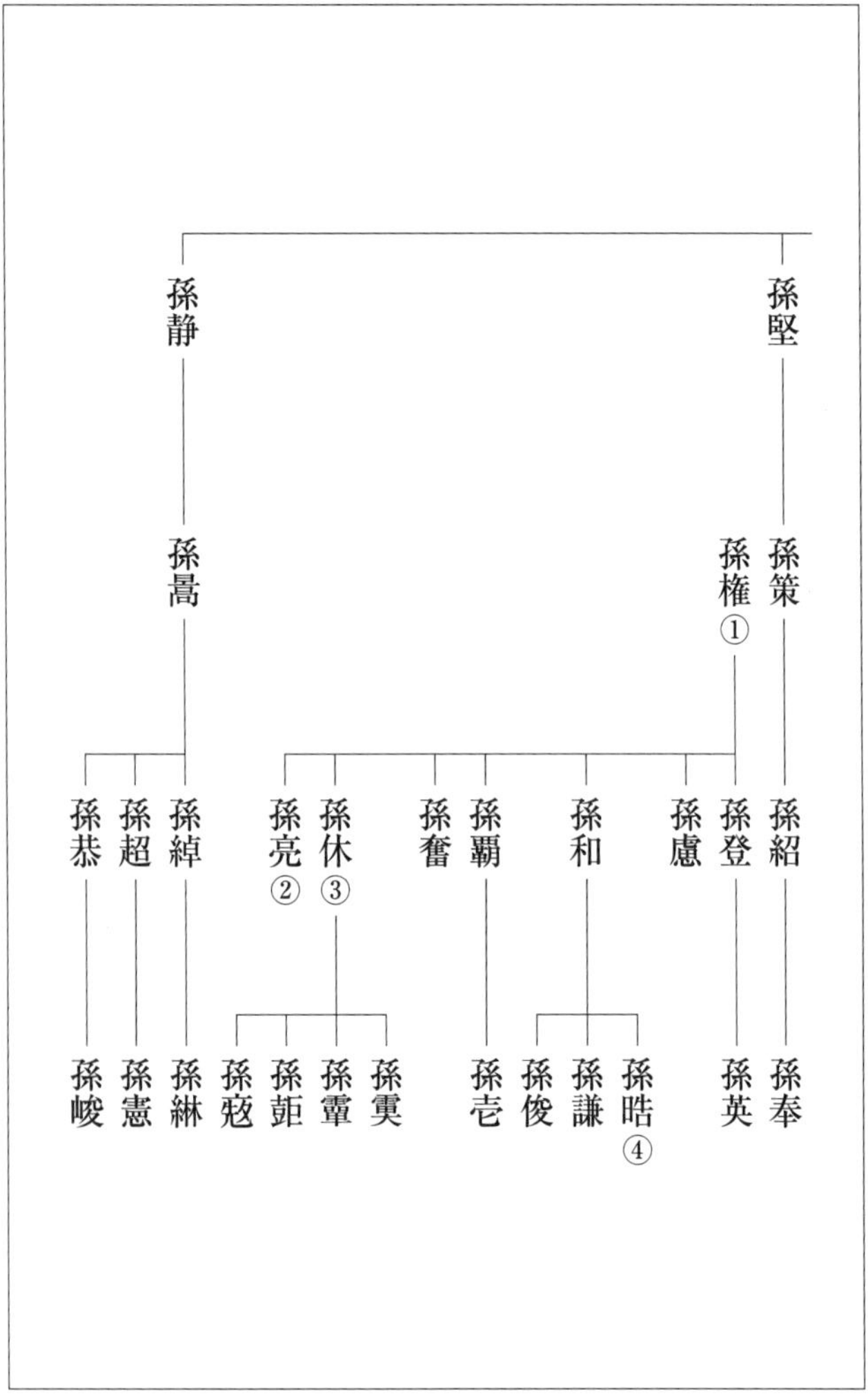
孫堅
孫静
孫策
孫権①
孫暠
孫紹
孫登
孫慮
孫和
孫覇
孫奮
孫休③
孫亮②
孫綽
孫超
孫恭
孫奉
孫英
孫晧④
孫謙
孫俊
孫壱
孫𩃙
孫𩅦
孫壾
孫𠅨
孫綝
孫憲
孫峻

第四章

三国時代から晋滅亡までの権力闘争

三国志上最悪の暴君、呉の孫皓

二六三年に蜀《しょく》が滅びて以降、魏《ぎ》（後に晋《しん》）と呉《ご》の二国対立状態となります。その後、呉が滅びるわけですが、その最大の要因は、三国志上最悪の暴君といわれる、呉帝の孫皓《そんこう》にあったと言っていいでしょう。

呉では、二六四年に皇帝の孫休《そんきゅう》が崩御《ほうぎょ》します。そして孫皓が即位します。孫皓は、二《に》宮《きゅう》事件で自死に追い込まれた孫和《そんか》の長男です。もともと学問を好み、「孫策《そんさく》の再来」と呼ばれるほど、評判のよい人物でした。しかし父が自死に追い込まれた後、自分が将来、日の目を見ることになるとは、思ってもいなかったでしょう。

しかし歴史とはわからないものです。濮陽興《ぼくようこう》と張布《ちょうふ》の働きかけもあり、その孫皓が二十三歳で即位することになります。それだけに孫皓は、最初のうちは理想を抱き、それなりに善政を行いました。

飢えている人に炊き出しをしたり、動物園のような場所で飼っていた鳥獣を哀れんで逃がしてやったり、奥さんを亡くした男に官女を世話したり。そんなことをして評判を上げていました。

ところが即位翌年くらいから、孫皓は荒れ出します。その理由はよくわかりません。ただ定説では、全中国の統一を目指していた彼が、部下に魏と呉の国力を分析させたところ、呉がどう逆立ちしても魏には勝てないことが解ったからだと言われています。それで孫皓は絶望し、政治に興味を失い、酒色にふけりだす。お定まりの転落コースをたどったのです。

劉禅《りゅうぜん》は愚か者でしたが、残酷ではありませんでした。ところが孫皓は、とんでもなく残酷なことをしました。酒色にふけるだけでなく、乱暴狼藉《らんぼうろうぜき》を働くようになります。濮陽興と張布が皇帝に推挙したことを後悔しているといった話を聞くと、二人をすぐに処刑してしまいます。

二六五年には、司馬昭《しばしょう》が晋王になったため、祝いの使者を派遣します。ところがその使者が魏を褒《ほ》めたと聞くと、怒って使者を呼び戻し、処刑してしまうのです。

ちなみに当時、親孝行で有名な孟宗《もうそう》が丞相をしていました。孟宗をもってしても、孫皓の暴挙は止められなかったようです。むしろひょっとしたら、孫皓に呉による統一は無理だと伝えたのは、孟宗だったのかもしれません。

拙速な遷都で国を疲弊させる

孫皓《そんこう》は二六五年に突然、建業《けんぎょう》から武昌《ぶしょう》へ遷都する暴挙を行います。遷都自体は、歩闡《ほせん》の提案によるものでした。ただ普通なら、遷都のような重要なことは大臣に諮《はか》って議論を重ね、臣下全員が納得したうえで、行政上の便宜や軍事上の利点を考えて計画的に行うものです。

ところが孫皓は、歩闡の提案を聞くと、即座に何の計画もなしに遷都してしまいました。首都の移転など、普通は五年くらいかけるものです。そんなことは素人でも解《わか》ります。それを行き当たりばったりでやって、うまくいくわけがありません。すぐにさまざまな問題が生じました。周囲の者は翻弄され、国内は大混乱に陥りました。意味のない遷都によって、財政は逼迫《ひっぱく》しました。

歩闡がなぜ遷都を提案したのかは、よくわかっていません。彼は武将なので、本来なら都の位置に関しては、防衛の観点を重視するはずです。建業は後ろに山があり、南が川なので攻めにくい場所です。そのような建業から遷都するなど、誰もがおかしいと思ったことでしょう。

歩闡の父親の歩騭《ほしつ》は、二宮《にきゅう》事件では孫覇《そんは》派でした。そのため無理をして、点数を稼ごうとしたのかもしれません。これは史書に書かれているわけではなく、私が勝手に憶測していることです。いずれにしろ遷都は、翌年に白紙撤回されます。その結果、歩闡は皇帝や周囲の人間から、よく思われなくなります。孫晧は歩闡に召還を命じますが、彼は処刑されることを怖れて拒否します。

そして晋《しん》への亡命を考えます。二七二年には、まずは甥ら二人を人質として、洛陽に送りました。この後、呉を裏切って降伏するので、先に受け取ってください、というわけです。このことを知った孫晧は、もちろん怒ります。歩闡を追討するために、陸抗《りくこう》を送り込みました。陸抗は夷陵《いりょう》の戦いのときの将軍だった陸遜《りくそん》の息子です。陸遜は二宮事件のとき、孫和を支持していました。二宮事件の対立構造は、こんなところにまで影響しているのです。

歩闡はなんとか晋へ逃げようとしますが、陸抗の動きは迅速で、歩闡を取り囲みます。その時、晋から羊祜《ようこ》という将軍が、歩闡を助けに来ます。

羊氏は泰山《たいざん》郡の名族で、夏侯《かこう》氏や司馬《しば》氏と婚姻関係を結び、力をつけました。羊祜は権勢を極めていた頃の曹爽《そうそう》への仕官を勧められても断るなど、人を見る目と先見の明を持っていました。宮廷内の対立とは距離を置き、中立的な態度を保っていた羊氏は一時期、鍾会《しょうかい》から憎まれ、疎《うと》んじられます。しかし姜維《きょうい》と組んで反乱を起こした鍾会が死ぬと、政権で重要な役を任されるようになりました。

ただこの時の陸抗との戦いでは、羊祜軍は後手をとり、撃退されてしまいます。歩闡が籠っていた西陵城《せいりょうじょう》（湖北省荊州市）は陥落し、歩闡は陸抗に処刑されてしまいました。

コラム

南京と北京の歴史的関係

呉《ご》の都だった建業《けんぎょう》は、現在の南京市のあたりにありました。防衛に適した場所だったため、古代から首都はここに置くとよいとされていました。春秋《しゅんじゅう》時代には、楚《そ》がここに城を築きます。三国時代には孫権《そんけん》が都を置き、建業と呼ばれました。その後の呉、東晋《とうしん》や南朝の宋もここに都を置きます。時代時代で金陵《きんりょう》、蔣州《しょうしゅう》、応天《おうてん》、秣陵《まつりょう》、建業《けんぎょう》、建鄴《けんぎょう》、建康《けんこう》など、さまざまな呼ばれ方をしました。

南京とは「南の京」という意味です。本来は特定の地名を指す言葉ではありません。ですから一時期、現在の北京の地が南京と呼ばれていたこともあります。十世紀に内モンゴルから契丹《きったん》人が攻めて来て遼《りょう》王朝を立てた時は、もともといた場所が北なので、北京は南京と呼ばれたのです。

明《みん》の時代には朱元璋《しゅげんしょう》がこの地を拠点にして全土を統一しました。その後、一三九九～一四〇二年の靖難《せいなん》の変で、永楽帝《えいらくてい》がこの地に乗り込み、皇位を簒奪《さんだつ》します。その後、首都を北京に移します。それ以来、北京が中国の首都になるのです。

陸抗と羊祜による心温まるエピソード

その後、陸抗《りくこう》と羊祜《ようこ》は、西陵城《せいりょうじょう》付近の国境を隔てて睨《にら》み合いの状態となりました。敵同士の二人の交流が、陰惨な話が多い三国志後半の中でも、異色のエピソードとなっています。

陸抗と羊祜は、ともにすばらしい人格者でした。かつて陸抗が、諸葛恪《しょかつかく》と任地交代をしたときのことです。諸葛恪は、陣地の壊れた部分をそのままにして陸抗に引き渡しました。いっぽう陸抗は、崩れた城壁などをすべて直し、きれいに掃除をして諸葛恪に引き渡しました。そのことで諸葛恪は、己《おのれ》を恥じたといいます。

もう一つ、似たようなエピソードがあります。諸葛恪の姪は、陸抗の妻となりましたが、諸葛恪が暗殺されると、離縁されてしまいました。いっぽう羊祜の妻は、夏侯覇《かこうは》の娘です。夏侯覇は前述したごとく、司馬氏台頭の状況から身の危険を感じて魏から蜀に亡命しました。そのため、本来ならその娘は離縁されてもおかしくありませんでした。ところが羊祜は「父親がやったこととお前は関係ない。お前がその罪を背負う必要はない」と離縁せず、むしろ妻を慰《なぐさ》めたといいます。この逸話に、陸抗は自らを恥じたと伝わっています。

陸抗と羊祜は本来、敵同士です。ところが戦場で対峙《たいじ》しているうちに、心を通わせ合うようになります。さまざまなやりとりを通じて、二人は互いに信頼感を抱くようになるのです。

例えばある時、羊祜軍の周囲の農民の羊が国境を越えて、陸抗陣営へ逃げてしまいました。そこで羊祜が白旗を持って呉の衛兵の元へ行き、「農民の羊がいなくなったので探すのを許可してほしい」と頼みます。

将軍が直々《じきじき》に来たとあり、国境の兵隊もそのことを陸抗に知らせました。すると陸抗は羊祜の元まで出向き、「農民だけで探すならかまわない」と言います。そして呉《ご》の兵隊にも一緒に羊を探させ、無事に見付けることができたと言います。

その後、陸抗が体調を崩して熱を出しました。そのことが羊祜側に伝わり、部下が「今がチャンスなので攻めますか？」と羊祜に聞きます。すると彼は、「この前、羊を探させてもらったのだから、そういうわけにはいかない」と、陸抗陣営へ解熱剤を持っていかせます。

陸抗の部下は、毒ではないかと心配します。しかし陸抗は「羊祜はそんなことをする奴ではない」と薬を躊躇せずに飲み、熱が下がりました。そのお礼として、羊祜にお酒を届けます。

今度は羊祜の部下が、毒が入っているのではないかと疑います。それでも羊祜は、「陸抗はそんなことはしない」とそのお酒を飲み、周囲にも勧めました。羊祜は自分たちが酔っ払っているうちに、陸抗が夜討ちをしてくることはないと、信じていたのです。

戦中の敵同士の間に、ここまでの信頼関係が生じるのは珍しいことです。この故事から、政治的な立場にとらわれない私的な交流を、「羊陸《ようりく》の交《まじわり》」と言うようになりました。

コラム 数奇な運命をたどった羊祜の縁戚、蔡琰と羊献容

まれにみる人格者だった羊祜《ようこ》の母親は、蔡邕《さいゆう》の娘です。蔡邕は後漢《ごかん》の優れた文人でした。董卓《とうたく》にその才を買われ、史書を書いていましたが、董卓が王允《おういん》らに暗殺された時、嘆いたことを咎められ、獄死させられた人物です。その蔡邕の娘の蔡琰《さいえん》は、戦乱の中、匈奴にさらわれ、一二年間も匈奴の側室として過ごしました。蔡邕の蔵書四〇〇〇編を一文字も間違えずに記憶だけで再現したことは前述した通りです。羊祜の母親は、この蔡琰の姉か妹ということになります。

さらに羊祜の従兄弟の娘が羊献容《ようけんよう》です。羊献容は晋《しん》の恵帝《けいてい》（司馬衷《しばちゅう》）の二番目の皇后ですが、八王《はちおう》の乱に巻き込まれ、六回廃位され、六回復位するという、前代未聞の経験をしています。さらに洛陽《らくよう》に侵入した匈奴《きょうど》に連れ去られ、後に五胡十六国の漢（前趙《ぜんちょう》）の第五代皇帝となる劉曜《りゅうよう》の妻になっています。後述しますが、偶然とはいえ、歴史とは不思議なものです。

形式主義と改名の流行

その後、羊祜《ようこ》は呉《ご》が孫晧《そんこう》の暴政によって崩壊状態になっていることに気づきます。呉では地方豪族の権限が強く、領民は過酷に収奪されていました。そのため、呉から晋《しん》へ流れてくる亡命者や農民が増えていたのです。

そこで羊祜は、呉の武将が投降しやすい環境を作ってやります。散発的に起きた戦いによって相手の将軍を討ち取ったときも、死体を手厚く供養し、相手側に必ず返してやりました。そのような行いにより、羊祜は呉の人々からも慕《した》われ、「羊公《ようこう》」と敬われるようになりました。

やがて二七四年に、陸抗は病で亡くなります。孫晧の暴政で呉が疲弊していることを肌で感じていた羊祜は、「孫晧の暴虐に喘《あえ》いでいる呉の民を助けるべき」と呉への侵攻を主張し、準備を始めました。

皇帝の司馬炎《しばえん》も、主戦派でした。ところが宮廷人の多くは、鮮卑《せんぴ》などの鎮圧が終わっていないこと、呉にはまだ優れた軍人がいる可能性があることなどを理由に、「時期尚早」

と羊祜の主張を退けます。本音は、羊祜ら主戦派が手柄を立て、自分たちの立場が弱くなるのを恐れたのでしょう。

いっぽうこの時期、呉は孫晧の暴政に加え、形式主義によってどんどん国力が落ちていました。その象徴と言えるのが、改名の流行です。中国では古来、皇帝と名前が被《かぶ》ると失礼だからと、同じ文字の人は改名する伝統がありました。例えば唐《とう》の時代の二代目皇帝は李世民《りせいみん》ですが、当時、世民という字の名の人はみな名前を変えています。

呉の時代にも、形式的な風習が流行《はや》っていました。皇帝だけでなく、目上の人と名前が被ることもよくないこととされていました。そのため、皇帝と名前が被るからと変えた名前が後輩と同じ場合は、さらにその後輩も名前を変える。そのようなことが、ドミノ式に起きていたのです。こんな非生産的なことをしていては、産業も軍備も発展するわけがありません。

さすがに唐代からは、名前が被っていると、文字そのものを変えなくても、最後に一画欠けさせればよいという欠画《けっかく》（欠筆《けっぴつ》や欠字《かけじ》とも）にしています。清の古書は、どの字が欠けているかで、どの皇帝のときに出版された本かがよく判るのです。しかし三国志の時代は、欠画という風習はありません。文字そのものを、完全に変えていたのです。

コラム　名前を重視する儒教

三国時代の呉《ご》では、改名などの形式主義が流行《はや》っているという話をしました。しかし名前にこだわり、改名や欠画をする風習はこの時代に限らず、中国の多くの時代、国で見られます。

その根底には、名前には自分の命が宿《やど》っており、人生を左右する効力をもっているという言霊《ことだま》思想があります。この発想は日本にもありますが、儒教においても重視されています。

よって儒教思想を重視した王莽《おうもう》の時代には、その弊害が大きく現れました。町の名前をどんどん変えていったのです。書類などの文字の間違いも絶対に許されません。大量の行政書類の文字が間違っていれば、最初から書き直しをさせられます。王莽の時代はこのような形式的なことを徹底してやったため、経済が破綻《はたん》し、国が衰退していったのです。

さらに時代を遡《さかのぼ》れば、孔子《こうし》の時代に「渇《かっ》しても、盗泉《とうせん》の水を飲まず」というエピソードがあります。よく誤解されますが、これは他家の泉の水を勝手に飲んではいけない、という意味ではありません。「盗」という名前の泉があったのです。そして「こんな卑しい名前がついた泉の水は飲んではいけない」と、孔子が言ったのです。

同じような話は孟子《もうし》にもあります。孟子といえば教育ママの母が、子どもの環境を重視し、三度も引っ越したという「孟母三遷《もうぼさんせん》」の話が有名です。孟子は、「朝歌」や「母勝」という町があれば、「朝から歌って遊んでいるような町や、母に勝つなどの不孝な名を付けた町へは行ってはいけない」と言っていたそうです。

晋が呉を攻め、三国の時代に幕が下ろされる

形式主義とともに、呉《ご》の滅亡につながった孫皓《そんこう》の悪行については、挙げだすときりがありません。

当時、孫皓の愛妾《あいしょう》の一人が、下僕《げぼく》を市場に送りこみ、民衆からお金を奪わせていました。

役人がその男を捕らえて処罰すると、愛妾がその役人のことを孫皓に讒言《ざんげん》します。すると孫皓は、真っ赤に焼けたノコギリで、その役人の首を切らせたといいます。

さらに宮殿に長江《ちょうこう》の水を引き入れるといった、馬鹿馬鹿しいことも行っています。そして仕事に失敗したり、気に入らなかったりした宮女を裸にして、その川に突き落としていたというのです。

このような孫皓の暴政によって呉が衰退していく中、晋でもそろそろ呉を攻めてよいのではないかとの声が高まっていきます。とくに二七八年に羊祜《ようこ》が亡くなって以降、そのような声が大きくなりました。むしろ羊祜に手柄を立てさせたくなかった人たちが、彼が死ぬのを待っていた可能性もあります。

そして二七九年、ようやく晋は呉を攻めました。その引き金となったのが、広州で起きた郭馬《かくば》による反乱です。孫皓の課税強化に反発したこの乱は、周囲の人々が便乗して、どんどん規模が大きくなっていきました。もちろん孫皓には、この事態を収拾する能力はありません。

その機会に乗じて、司馬炎《しばえん》は呉の討伐を決断します。羊祜が以前から練っていた策をもとに、晋軍二〇万人が、東西六カ所から呉へ攻め込みました。

兵隊のほとんどが南へ反乱鎮圧に行き、半分以下の勢力となっていた呉軍は、両方から攻められるかたちとなり、ひとたまりもありませんでした。孫晧のような暴君のために命をかけて戦おうとする者など、ほとんどいません。そのため呉軍は、各地で大敗しました。降伏する者もいれば、多くの兵が逃げ去っていきました。

江陵城《こうりょうじょう》や石頭城《せきとうじょう》が陥落し、孫晧も最後まで抵抗することなく降伏します。そして二八〇年、呉はついに滅亡しました。ここで司馬炎は、高らかに三国統一を宣言します。これをもって、ついに三国志の時代に幕が下ろされるのです。

司馬炎が変節、衰退へ向かう晋

結果的に、中国を六〇年ぶりに統一したのは、晋《しん》の司馬炎《しばえん》ということになります。以前も言ったように、司馬炎は、優秀だった弟の司馬攸《しばゆう》が皇帝になるのを嫌がる側近にかつぎあげられ、棚《たな》ぼたで皇帝になった人物です。もともと、皇帝になる野望があったわけではありません。また優秀な司馬攸に、コンプレックスを抱いていました。それでも彼は、最初のうちはそれなりに善政を敷《し》いていました。

まずは一族の二七人に土地と兵を与え、各地の郡王にしました。魏が皇族に権限を与えなかったことが、国の弱体化につながっていったのだと考えたからです。能力がある者は過去のいきさつにかかわらず、役人として登用しました。後漢や魏の皇族の任官禁止を解き、曹植《そうしょく》の息子や諸葛亮《しょかつりょう》の息子も任官させました。ここらあたりまでは、彼がやったことは評価されています。

ただ二七五年くらいに熱病にかかって以降、司馬炎は変わっていきます。長男の司馬《しば》衷《ちゅう》が暗愚だったため、司馬攸を皇嗣《こうし》にしたほうがいいとの意見が高まり、息子の将来を心配したのかもしれません。司馬炎は、司馬攸を斉《せい》の国に追いやり、その支持者を徹底的に弾圧しました。

また国を統一して以降ほっとしたのか、政治的な情熱を失っていきます。代わりに後宮の整備に力を注ぎます。若い女性に三年間結婚を禁じ、全国から綺麗な未婚の女性を五〇〇〇人選び、後宮に集めました。さらに孫晧の後宮から五〇〇〇人を選び、一万人の後宮をつくりあげたと言います。

ところで後漢《ごかん》末から、匈奴《きょうど》や鮮卑《せんぴ》が中原《ちゅうげん》の地に住み着くようになり、漢人とトラブルを起こすことが増えていました。そこで異民族を辺境に戻すべきとの上奏がなされますが、司馬炎は耳を傾けず、きちんと対応しませんでした。

その後、司馬炎は病に倒れ、政治の実権は、二番目の皇后楊芷《ようし》と、その父親の楊駿《ようしゅん》の手に握られます。そして二九〇年に司馬炎が亡くなると、帝位は司馬衷に引き継がれました。西晋の命運は、ほぼこの二代で尽きたと言っていいでしょう。その後、政治の中心は洛陽から建康《けんこう》（南京）へ移った東晋《とうしん》（ここから以前の晋を西晋と呼ぶようになります）に移ります。その萌芽は、すでにこの頃からあったのです。

西晋滅亡の要因となった清談の流行

司馬炎が政治に興味を失ったこととともに、西晋《せいしん》の滅亡の大きな要因となったと言われているのが清談《せいだん》です。清談とは、金儲けや立身出世などの世俗とは離れた、清らかな談話のことです。哲学や文学的な話と言ってもいいでしょう。後漢から魏、晋へと続く乱世の中、知識人たちが俗世を離れ、哲学的な議論にふける風潮があったのです。

その代表格が「竹林《ちくりん》の七賢《しちけん》」、つまり阮籍《げんせき》、嵇康《けいこう》、山濤《さんとう》、劉伶《りゅうれい》、阮咸《げんかん》、向秀《しょうしゅう》、王戎《おうじゅう》の七人です。彼らは世俗から離れ、竹林の中で酒を飲みながら、わきあいあいと清談を楽しんでいました。

　こう聞くと、「竹林の七賢」とは、どのような人をイメージするでしょうか。山にこもって暮らす世捨て人、道家思想の仙人のような人たちを連想するかもしれません。ただよく調べると、この七人は決して浮世離れした人たちではありません。むしろほとんどの人は、それなりの家柄の出身で、官僚や軍人です。決して反体制的な人間ではありませんでした。

　例えば嵆康は、曹操の曾孫を妻にしています。山濤は司馬氏の親戚で、二人はともに官僚です。大酒飲みだった阮籍も官僚で、司馬昭《しばしょう》を晋公に封じる詔勅《しょうちょく》の草稿を執筆しています。彼は形式を重んじる人間など、自分が気に入らない者には白目で対応したため、「白眼視《はくがんし》」という言葉の語源にもなっています。王戎は二〇万人で六カ所から攻め、呉を滅亡させた時に将軍を務め、武人としても大きな功績を残しています。

　七人の中で、最もイメージ通りなのが劉伶でしょう。彼はいつも酒浸りで、素っ裸で街を歩いていたと言います。劉伶は官僚ではありません。

　ちなみに清い話の反対は、濁った話です。濁った話とは、金儲けや立身出世にまつわる話です。官僚になれば、嫌でも立身出世しなくてはなりません。賄賂などのお金儲けの誘惑もたくさんあります。普段、そのような話が身近にあふれているからこそ、「竹林の七賢」は俗世間とは離れた場所で、哲学や学問などの清い話を、気の合う仲間たちと楽しんでいたのでしょう。

ちなみに「竹林の七賢」は、必ずしも七人全員が同じ竹藪で清談をしていたわけではありません。活躍した年代が異なり、一度も会ったことがない人もいます。

そしてこのような清談の流行は、中国ではいつの時代にも見られます。上流階級が清談ばかりしていたため国が傾き、外から攻められて国が滅びてしまう、ということは何度も繰り返されています。中国にはヨーロッパより早い時代から、火薬も印刷術も紙も羅針盤もありました。軍事的にも文化的にも、いつ世界を制覇してもおかしくない潜在力を持っていたのです。それなのにそれができなかった理由の一つが中華思想。もう一つが、指導層が形式を重んじたり、清談ばかりしたりする風潮が伝統的にあったことです。

清《しん》の時代もそうでした。アヘン戦争が起きても、上の人間が何の対策も練らず、酒を飲んで、清談ばかりしていました。もちろん、清談自体が悪いわけではありません。それによって文化が栄えることはあります。

平和な時代なら、清談くらいとことんやっていいと思います。日本の平安時代などは、貴族の清談によって独自の文化が発展したとも言えます。とはいえ世が乱れたり、侵略の危機があったりするようなときに、リーダー層が熱をあげるようなものではありません。

「竹林の七賢」ではありませんが、似たようなこの時期の才人に、孫楚《そんそ》がいます。彼は仕官する前に、隠遁《いんとん》願望をもっていました。そして王済《おうさい》に「石を枕にして川の流れで口を漱《すす》ぎたい」と言うつもりが、「石で漱ぎ、流れを枕にしたい」と言い間違えてしまいます。彼はすぐに「〝流れを枕に〟というのは、汚れたことを聞いた耳を洗うということ。〝石で漱ぐ〟とは、汚れた歯を石で磨いて綺麗にすること」だと言い訳をしました。この切り返しに王済は感心し、「流石（さすが）」と言ったといいます。この故事が、夏目漱石《なつめそうせき》のペンネームの由来となっています。

コラム　「讖緯」の禁止と「感生帝説」

ここで前漢《ぜんかん》から後漢《ごかん》に流行した神秘的な思想、「讖緯《しんい》」について解説しておきます。「讖」は予言を、「緯」は未来の兆しを意味します。例えば、葉っぱの虫食いの形に人の名前が現れたら、その人は天命により皇帝になる人物である。そのように、神の意志が自然界に表れると考える発想です。

中国の権力者は、よくこの讖緯を利用して、自分の権力を正当化しました。前漢を簒奪《さんだつ》した王莽《おうもう》がまさにそうです。魏《ぎ》から晋《しん》への禅譲も、司馬《しば》氏が讖緯を利用して、自分たちに天命があると主張して行われたものです。それらは言うまでもなく、意を受けた者が密《ひそ》かに手を加えた出鱈目《でたらめ》です。司馬氏は後の人間が同じことをしないよう、讖緯を禁止します。

讖緯と似たものに「感生帝説《かんせいていせつ》」があります。皇帝が生まれたとき、「鳳凰《ほうおう》が飛んでいた」「母親が龍を体内に入れた夢を見た」「誕生の時に家屋が金色に輝いた」などといった類《たぐい》の話です。この手の話は世界中にあります。

豊臣秀吉の母親が日輪に感応《かんのう》して妊娠したという話もその一つです。もちろんこれらは、自分たちの権威を民衆に信じこませるための作り話です。古今東西を問わず、権力者が考えることは、いつも変わらないということです。

暗愚な司馬衷と、冷遇された司馬攸

二八〇年に呉《ご》皇帝の孫晧《そんこう》が降伏したことで、晋（西晋）は六〇年ほど分裂していた中国全土を統一します。それによって、遂に三国時代は完全に終止符が打たれました。

しかしあれだけの戦いのすえに誕生した晋は、短命に終わります。統一後、晋では八王《はちおう》の乱という内戦が起き、急速に衰退していきます。そして三一六年には、一旦滅亡しました。なぜそんなことになったのでしょうか。三〇年余り、晋のリーダーたちは何をしていたのでしょうか。最後にこの点に触れ、三国志の物語を終えようと思います。

西晋衰退の元凶となったのは、司馬炎《しばえん》の息子で、後に恵帝《けいてい》となる司馬衷《しばちゅう》です。彼はものすごく頭の悪い人物で、劉禅《りゅうぜん》とよく似ていました。よく商家などで、二代目が遊び人のぼんくらで、家業が傾き、三代目で破産するといった話があります。司馬衷と劉禅は、まさにそのようなダメな二代目の典型のような人物です。中国は儒教の教えに基づく長子相続の国ですが、長子相続の弊害を唱える人が例にあげるのが、この司馬衷と劉禅です。

暗愚な司馬衷に対し、人格者で頭が良く、周囲からの評判が良かったのが、司馬炎の弟の司馬攸《しばゆう》です。そのため司馬衷が皇太子になって以降も、「司馬攸に跡目を継がせて皇帝にすべきだ」と考える人が絶えませんでした。「司馬衷を皇太子から廃位すべきだ」との意見が、度々噴出していたのです。

そこで司馬炎は、司馬衷の能力を見極めようと、問題を出しました。司馬衷の能力では間違って答えるだろう。そうなると、廃位されてしまう。切羽詰まって心配したのが、司馬衷の妻で、皇太子妃の賈南風《かなんぷう》です。

彼女は問題を出す官吏を買収し、正解を入手します。そのまま一〇〇点をとってしまうと不正がばれるので、及第点ギリギリの答案を用意します。それを司馬衷に清書させ、提出させたのです。そのことを司馬炎は、見抜けませんでした。解答に満足し、司馬衷の廃太子を取り止めてしまうのです。

さらに二八二年、司馬炎は当時、斉《せい》王となっていた司馬攸に、斉への赴任命令を出します。この時代、地方王に任命されても、その領土からあがる税を自分のものにする権限を与えられるだけで、実際には多くの王が都で暮らしていました。ところが司馬炎は、司馬攸に実際に斉で暮らすよう命じました。司馬攸が都にいる限り、どうしても彼を皇嗣にしようとの意見が出るからです。都から遠い地へ、追い払ってしまおうというわけです。

この斉王攸帰国事件に対し、司馬攸の支持者たちは、司馬攸への信頼が篤い世論を盾に反対しました。ところが司馬炎は、そのような反対意見を「帝室内の家事」だと一蹴します。帝室内のことなので、お前らが余計なことを言うな、というわけです。そして司馬攸の支持者をみんな、処分してしまいました。その後も司馬攸の支持者は冷遇、虐待されます。司馬攸は怒りのあまりか、病を発症し、二八三年に薨《こう》じました。

この時、司馬炎が発した「帝室内の家事」という言葉は、後々さまざまなところで使われるようになります。例えば唐《とう》の時代、則天《そくてん》武后《ぶこう》が高宗《こうそう》の皇后になる時、多くの大臣が反対しました。しかし結局、「帝室内の家事」だからと高宗側に押し切られます。このように跡目相続や皇后を誰にするかで揉《も》めた時、事態の収束を図るために、この言葉がよく使われるようになるのです。

中国史上最悪の女性、賈南風が司馬衷の妻に

西晋の衰退には、司《し》馬衷《ばちゅう》が暗愚だったことに加え、後に皇后となる賈《か》南風《なんぷう》がとんでもなく性悪な女性だったことも大きく影響しています。

中国史の三大悪女というと、前漢《ぜんかん》の呂后《りょこう》、唐《とう》（周《しゅう》）の則天武后《そくてんぶこう》、清《しん》の西太后《せいたいこう》ということになっています。私に言わせれば、この三人より賈南風のほうがよほど悪女です。

三大悪女のうち則天武后と呂后は、悪いこともしましたが、それなりに善政も行っています。とりわけ則天武后は清濁併せ呑む、一筋縄ではいかないスケールの大きな人物でした。非常に頭が切れ、政治家としても有能でした。だからこそ、政権が長続きしたのです。確かに李《り》宗家の皇族を片端から処刑するような残虐なこともしています。しかし則天武后には、国全体のことがよく見えていました。政治も人任せにしませんでした。

賈南風は、政治は優秀な部下にお任せでした。自分は遊んでばかりで、好き勝手なことをしていただけです。それでいて、自分が権力を握るために邪魔な人間を抹殺し、八王《はちおう》の乱を巻き起こし、宮廷内を滅茶苦茶な状態にしたのです。その結果、しっかりとした哲学をもって政治を行う人間は、宮廷内に一人もいなくなりました。

賈南風は、二六〇年に魏帝の曹髦《そうぼう》が政変を目論んだ時、部下に曹髦を刺殺させた賈充《かじゅう》の娘です。司馬氏が皇帝の位に即《つ》くうえで、賈充の働きは欠かせませんでした。よって賈充はその後、功臣として優遇され、娘の賈南風も特権階級となっていたのです。

ただ賈充には、敵も多くいました。そしてある時、権力争いの結果、人事異動で洛陽《らくよう》から長安《ちょうあん》へ左遷されそうになります。ところが長安に行きたくなかった賈充は、娘の賈南風を司馬衷の皇太子妃にしようと画策します。そうすれば、洛陽に居残ることができるからです。

しかし司馬炎は、信任していた衛瓘《えいかん》の娘を、司馬衷の妻に迎えるつもりでした。賈南風がどういう女性かも人から聞いて解っていたので、賈充の申し出を断ったのです。衛瓘の娘は美人で頭がよく、多産な家系です。いっぽう賈南風は、醜くて性格が悪い。さらに子が少ない家系です。プラスの要素は何一つないのですから、司馬炎が断ったのは当然です。

ところが賈南風の母の郭槐《かくかい》が、司馬炎の最初の皇后である楊艶《ようえん》の侍従へ賄賂を贈り、裏工作をします。楊艶は美人で司馬炎との仲は良かったのですが、あまり賢い人物ではありませんでした。そのため郭槐の工作に、まんまとはまってしまいます。そして賈充は功臣だからと、司馬衷と賈南風を強引に婚約させてしまったのです。それにより賈充は、長安から呼び戻されます。

優柔不断な司馬炎も、最後は賈南風を嫁として迎え入れることを認めました。そうして賈南風は二七二年に、正式に皇太子妃となります。しかし賈南風は嫉妬深く、司馬衷の側室が懐妊すると、胎児ごと刺殺するような残虐なことをしました。

さすがに司馬炎も、これには激怒しました。賈南風を幽閉し、司馬衷との離婚を命じました。そんな司馬炎を説得し、とどめたのが楊芷《ようし》です。司馬炎最初の皇后である楊艶の従妹で、二番目の皇后です。彼女は頭がよく、心優しい人でした。そして親切心から、賈南風の振る舞いを窘《たしな》めたりもしていました。そんな恩人の楊芷を、賈南風は逆恨みし、後にとんでもない仕打ちで報います。

クーデターを起こした残虐な皇后

二九〇年、司馬炎《しばえん》（武帝《ぶてい》）が崩御《ほうぎょ》すると、司馬衷《しばちゅう》が皇帝（恵帝《けいてい》）となり、賈南風《かなんぷう》は皇后になります。とはいえ司馬衷が暗愚なため、最初のうちは司馬炎の皇后である楊芷《ようし》の父の楊駿《ようしゅん》が、外戚として実権を握っていました。

しかしこの楊駿も、自分たち一族のことしか考えていません。弟たちと政治を牛耳り、腐敗した賄賂政治が横行するようになります。人事を独断専行し、自分にとって都合のいい部下ばかり宮中に残し、司馬一族を左遷して、朝政の全権を掌握し、太極殿に住み着きました。

このように、好き勝手に権力を振るう楊駿を、当然ながら賈南風は疎《うと》ましく思います。そして彼女は、皇室の重鎮である司馬亮《しばりょう》や楚《そ》王の司馬瑋《い》を誘い、クーデターを起こします。皇后がクーデターを起こすということも、本来はおかしな話です。それだけこの時代の宮廷は混乱状態になっていたということです。

賈南風は宦官《かんがん》や司馬瑋と謀略を実行し、楊駿を暗殺します。楊駿の一族はみな首を切られました。賈南風のことを思って彼女を窘めていた皇太后の楊芷は、庶民に落とされ、幽閉されました。そして水も食事も与えられず、餓死させられるのです。

さらに賈南風は、司馬瑋と結託し、司馬亮や衛瓘《えいかん》を捕らえて殺害します。さらにその罪を、司馬瑋になすりつけ、粛清しました。こうやって賈南風は、一族とともに、栄耀栄華を極めます。ただ彼女は執政には関わらず、政務は張華《ちょうか》や裴頠《はいぎ》ら賢臣に一任しました。

そのためこの時期、国内の状況は比較的安定していました。それをいいことに、賈南風は豪華な宴会を開き、男遊びに興じました。そして気に食わない人間を残虐に殺すなど、やりたい放題をしていました。そんな賈南風も、三〇〇年には暗殺されてしまいます。

その原因は、皇太子の司馬遹《しばいつ》を賈南風が抹殺したことです。

司馬遹は、祖父の司馬炎から溺愛され、司馬衷が即位すると皇太子になりました。司馬遹は司馬衷と、もともと司馬炎の後宮にいた女性との間に生まれた子です。賈南風には男の子がいませんでした。そこで彼女は、司馬遹を忌み嫌っていたのです。

そして司馬遹を帝にしたくない賈南風は、司馬遹を謀略に陥れ、庶民に落とし、そのうえで暗殺しました。しかしそれをきっかけに、司馬倫《しばりん》（司馬懿《い》の子）や司馬冏《けい》（司馬攸《ゆう》の子）らが決起し、賈南風は廃位させられ、死に追いやられるのです。

身内同士で争う八王の乱

賈南風《かなんぷう》に翻弄されるかたちで内乱を起こし、死んでいった司馬亮《しばりょう》、司馬瑋《い》はともに皇族で地方王です。司馬亮は汝南《じょなん》王、司馬瑋は楚《そ》王でした。この後、さらに趙《ちょう》王の司馬倫《りん》、斉《せい》王の司馬冏《けい》、長沙《ちょうさ》王の司馬乂《がい》らが、内乱の中で死んでいきます。さらに成都《せいと》王の司馬穎《えい》、河間《かかん》王の司馬顒《ぎょう》、東海《とうかい》王の司馬越《えつ》らが、血みどろの権力闘争を繰り広げます。

これら八人の皇族によって引き起こされた権力闘争をまとめて、八王《はちおう》の乱と言います。身内同士で戦い、皇族がどんどん死んでいったこの内乱が、晋《しん》滅亡の直接的なきっかけとなりました。

このような乱が起きた背景には、当時、地方の八王に強い軍事権が集まるようになっていたことがあります。八王がなぜ強い力をもつようになったのか。このことに関して、中国の歴史を振り返りながら、少し掘り下げます。

秦《しん》の始皇帝《しこうてい》は、周《しゅう》時代の封建制を否定し、中央集権国家をつくりあげました。全土に三六の郡を置き、郡守（知事）を派遣して、直接統治していました。郡県制のもと、中央集権がうまく機能していたのです。

その後、始皇帝が亡くなり、項羽《こうう》と劉邦《りゅうほう》の戦いが始まります。そして勝者となった劉邦が前漢《ぜんかん》を建国しました。その時、劉邦は郡県制の地方とともに、諸侯王を封《ふう》じた半独立国をつくり、郡国制を採用しました。国に派遣されるのは、従来のような知事ではなく、自治権をもつ王となったのです。

初めのうち各国の王には、異姓八王という劉氏以外の軍閥を当てていました。ところがその状態を放っておくと、いつか反乱が起きかねません。そこで劉邦は、謀反の種を暴きだし、八人の王を片端から攻め、みんな滅ぼしてしまいました。

そして以後、王には劉氏のみを派遣することにします。身内なら反乱はしないだろうと思ったのでしょう。ただ地方で乱が起き、中央集権を維持できないということは、王朝にそこまで力がないということです。実際、当時の漢は建国まもなく、長年続いた楚漢《そかん》戦争からの復興中で、国力も弱かったのです。

八王の乱から五胡十六国時代へ

その後、前漢《ぜんかん》は第六代皇帝の景帝《けいてい》の時代になると、かなり豊かになり、政治も安定してきます。同時に地方も豊かになり、中央政府の言うことを聞かない国が現れてきました。とくに経済的に豊かだった呉《ご》や楚は、独立色を強めていきます。そこで晁錯《ちょうそ》が、諸侯王の領地を削減する政策を進めます。ささいなことで難癖をつけ、領土を没収するなどし、中央集権体制を強めていったのです。

ところがこれに対して、諸侯王が反発します。そして紀元前一五四年に、呉楚《ごそ》七国の乱が起きました。呉王の劉濞《りゅうび》が中心となったこの乱は、やがて鎮圧されました。しかしこれを教訓に、第七代皇帝の武帝《ぶてい》の時代に、推恩《すいおん》の令という新たな法令が出されます。

それまで長男にだけ相続されていた王の領土を、複数の子どもに分割して継承させるよう、相続制度を変えたのです。直接、王の領土を削減せずに、代を重ねるごとに、一人ひとりの王の領土を小さくしていく。そうやって、諸侯王の勢力を弱めようというわけです。例えば子どもが一〇人いたとすると、領地を一〇等分するわけです。長男以外は、領土がもらえるようになって喜んだことでしょう。しかしその分、一人ひとりの領土は小さくなり、諸侯王の力は弱まっていきます。

劉備《りゅうび》の先祖の中山《ちゅうざん》王劉勝《りゅうしょう》などは、一二〇人以上の子どもがいたと言われています。仮に男子が半分だとして、相続の際には領土を六〇等分することになります。そうなると、ほとんど小さな普通の家しか残りません。劉備が本当に劉勝の子孫だったとしても、彼が小さなあばら家に住んでいたことは、決してありえないことではないのです。

このように武帝以降、しばらく地方王が弱い時代が続きました。とりわけ魏の時代は、諸侯王が弱体化していました。曹植《そうしょく》のように、幽閉同様の諸侯王もいました。

ただ晋の時代になると、少し状況が変わってきます。司馬昭《しばしょう》は一族を各地へ封じ、優遇しました。軍事部門も掌握した知事、都督《ととく》として、要衝《ようしょう》に赴任させました。鮮卑《せんぴ》や匈奴《きょうど》の侵攻を抑え、対抗するためです。

当時、匈奴が万里の長城を壊して入ってくることが増え、それを防いだり、長城を修理したりするうえで、地方にある程度、行政権や軍事権を与える必要があったのです。王《おう》淩《りょう》や毌丘倹《かんきゅうけん》、諸葛誕《しょかつたん》らは、都督として権力を持ったすえに反乱を起こしたのです。

魏に続く晋の時代にも、諸侯王の権力が強まっていきました。そうなると、これまでの歴史同様、地方での乱が増えます。そのような状況の中で、二九一年から始まったのが八《はち》王《おう》の乱です。この乱によって西晋が滅び、再び、戦乱の世になります。そしてその激動の時代は、隋《ずい》が中国を統一するまで、三〇〇年も続くのです。

また当時、八王が兵力として頼ったのが、鮮卑や匈奴など北方民族の傭兵《ようへい》です。このことが、西晋が滅びた後に匈奴、鮮卑、羯《けつ》、氐《てい》、羌《きょう》の五つの非漢民族（五胡《ごこ》）が建てた国が華北で興亡する、五胡十六国時代を招くことになるのです。

六度廃位、復位した羊献容

この時代になると、洛陽《らくよう》に留学する異民族の王族も現れます。漢語を話し、洛陽で学問を修めたうえで、本国で王になるのです。そのような一人が匈奴《きょうど》の劉曜《りゅうよう》です。後の五胡《ごこ》十六国時代に、前趙《ぜんちょう》の初代皇帝になる人物です。

劉曜は若くして父と死別し、族長の劉淵《りゅうえん》に引き取られ、従兄《いとこ》の劉聡《りゅうそう》とともに育てられました。二十歳のときに洛陽に留学しますが、一族の不祥事に連座させられそうになり、二九五年頃に朝鮮へ亡命しています。

三〇四年には族長の劉淵が晋《しん》から独立して漢（後の前趙）を建国し、三〇八年に皇帝になりました。さらに三一〇年に劉淵が亡くなると、劉聡が後を継ぎます。そして彼らは三一一年に洛陽を攻め、陥落させるのです。

その後、劉曜の妻になるのが、司馬衷《しばちゅう》（恵帝《けいてい》）の二人目の皇后だった羊献容《ようけんよう》です。彼女は八王の乱に翻弄され、波瀾万丈な一生を送りました。なんと彼女は、三〇一年から三〇六年にかけて六回廃位され、六回復位しているのです。

三〇〇年、賈南風《かなんぷう》が死ぬと、司馬倫《しばりん》（司馬懿《い》の九子）が政権を掌握します。そして恵帝の新たな皇后として、羊献容を迎えました。羊献容は賈南風の排斥に大きく貢献した孫《そん》秀《しゅう》の同族で、重用されていた孫旂《そんき》の外孫です。

ところが三〇一年一月に、司馬倫が皇位を簒奪《さんだつ》し、司馬衷を太上皇にして幽閉してしまいます。羊献容も、同時に廃位されてしまいました。しかしすぐに、斉《せい》王の司馬冏《しばけい》、成都《せいと》王の司馬穎《えい》、河間《かかん》王の司馬顒《ぎょう》が決起し、四月には王輿《おうよ》が司馬倫を帝位から追放します。そして恵帝と羊献容を復位させるのです。

その後、長沙《ちょうさ》王司馬乂《がい》と司馬冏が戦い、司馬冏が処刑されます。さらに東海《とうかい》王司馬越《えつ》が司馬乂を捕らえ、処刑します。その結果、権力を一身に集めた司馬穎が、羊献容を廃位し、幽閉します。

すると今度は司馬越が司馬穎討伐軍を掲げ、洛陽の司馬穎一派を追放しました。その結果、羊献容は三度目の皇后になります。しかし親征していた恵帝が洛陽に帰ると、羊献容は再び廃位されます。

このように、司馬氏の政権争いである八王の乱に巻き込まれ、三〇六年までの間に羊献容は、なんと六度もの廃位を経験するのです。

匈奴が洛陽を蹂躙し晋が滅ぶ

八王の乱により、晋《しん》はすっかり衰退してしまいました。最終的にこの乱は、三〇六年に司馬越《しばえつ》によって終結させられます。そしてその後、司馬越が政権を握り、司馬熾《しばしょく》を帝（懐《かい》帝《てい》）として擁立します。

以後、晋では司馬越が権力を握ります。しかしやがて司馬熾（懐帝）は自ら政治を行うようになり、司馬越と対立し始めます。そして懐帝が司馬越討伐の勅令を発したため、司馬越は洛陽から逃げ、その後、病死しました。

このようなありさまで、晋の政治は大混乱に陥ります。さらにこの時期、八王の乱と重なり合うかたちで、異民族による反乱「永嘉《えいか》の乱」も起きます。三一一年には匈奴《きょうど》の劉《りゅう》曜《よう》や王弥《おうび》、呼延晏《こえんあん》らが洛陽に攻め込みました。

その結果、洛陽はすぐに陥落してしまいました。長安に逃げようとした懐帝は、劉曜に捕らえられます。そして平陽《へいよう》に連れて行かれ、奴隷の服を着せられて宴会でお酒をつぎ、杯を洗わされます。劉聡《りゅうそう》が外出する時には、日傘をさす役を命じられます。そのような屈辱の日々を送ったすえに、懐帝は処刑されてしまいました。

その後、三一三年には長安にいた、懐帝の甥の司馬鄴《しばぎょう》（愍帝《びんてい》）が即位します。しかし長安も劉曜らに陥落させられます。愍帝も平陽《へいよう》に連れて行かれ、懐帝と同じような扱いを受けたうえで、処刑されてしまいました。

羊献容は、洛陽が陥落した際に、平陽に連れ去られました。そして劉曜に見初《みそ》められ、その妻となるのです。遊牧民族の劉曜は、漢民族の貴族の女性に憧れていたのだと思います。おそらく当時、漢民族の女性を妻にすることは、彼らのステータスだったのでしょう。

そして三一八年、長安にいた劉曜が前趙《ぜんちょう》皇帝として即位します。そしてなんと羊献容は劉曜の皇后として、六度目の復位を果たすのです。

その時、劉曜は「司馬氏の男と比べて自分はどうか？」と羊献容に尋ねます。それに対して彼女は、「陛下は開業の明主ですが、恵帝は亡国の暗夫ゆえ、比べるべくもありません。恵帝は一婦一子どころか、自分の身も守れませんでした。私は当時、天下の男はすべて恵帝の如く思い、希望を失ったものですが、陛下に嫁いで、初めて天下に偉丈夫がいると知りました」と応《こた》えたと言います。司馬氏の身内による壮絶な権力闘争の中で、六度の廃位を経験した羊献容ならではの、痛烈な言葉です。

それにしてもあれだけの内乱の中で、羊献容はよく生き延びたものです。彼女ほど稀有《けう》な人生を歩んだ女性は、世界史の中でも珍しいのではないでしょうか。あまり語られることがない女性ですが、もっと有名であってもおかしくない人物です。

匈奴に侵略された当時の洛陽は、大変な状況だったようです。貴族や皇族はみんな首を切られ、街は片端から火をつけられ、凄惨《せいさん》な光景でした。そして司馬一族の一部は洛陽から南方へ逃げ、建業《けんぎょう》を建康《けんこう》と改称して都にし、晋を再興します。これを東晋《とうしん》といい、以前を西晋と区別しています。

そしてこれ以降、五胡十六国を経て南北朝時代が始まるのです。

コラム　なぜ匈奴に劉氏がいるのか？

「匈奴《きょうど》の劉曜《りゅうよう》が羊献容《ようけんよう》を妻にした」と聞いて、不思議に思った人もいるでしょう。なぜ漢の王室の姓である「劉」を、北方騎馬民族の匈奴が名告っているのか。そう疑問に思って当然です。ただ二七〇年頃から、中国史には劉姓を名告る匈奴人がたくさん登場します。ここで歴史を遡《さかのぼ》ってみましょう。

時は紀元前二〇九年、始皇帝《しこうてい》が崩御して各地で反乱が起きていた時代、モンゴル高原に冒頓単于《ぼくとつぜんう》という、とんでもなく強い英雄が登場しました。冒頓単于は圧倒的な強さで、数年のうちに中国北部を統一しました。月氏《げっし》なるイラン系と言われる民族を中央アジアに追いやり、モンゴル高原に広大な帝国を築き上げました。

中国では当時、すでに劉邦が軍閥たちに支持されて前漢《ぜんかん》を建国していました。しかし劉邦は、その前の項羽との戦い、いわゆる楚漢《そかん》戦争によって疲弊していました。そこを冒頓単于の四〇万の軍勢が攻め込みます。

この時、冒頓単于はわざと負けた振りをし、劉邦軍をおびき寄せました。そして追撃してきた劉邦を、白登山《はくとさん》の麓で包囲します。劉邦のもとにはわずかな兵しかいません。食糧もやがてなくなります。この絶体絶命のピンチを、機転を利かせて救ったのが、名参謀の陳平《ちんぺい》です。

陳平は冒頓単于の正妻（閼氏《あっし》）に使いを送りました。「ここで冒頓単于が劉邦を破《やぶ》ればどうなるか。漢の後宮のたくさんの美女が、こちらに連れて来られるだろう。そうなれば、きっとあなたは、今のように寵愛されなくなるはずだ」と言わせます。その話を聞いた正妻は、劉邦を逃すよう冒頓単于を説得したと言います。真偽のほどはわかりませんが、そのように伝えられています。

その後、冒頓単于の匈奴と前漢は講和しました。しかし匈奴に対して、漢が遜《へりくだ》った関係になります。攻撃を止めてもらう代わりに、漢は毎年、匈奴に穀物や絹織物を届けなくてはならなくなりました。その際、皇族の女性も、匈奴の単于への嫁として送り出されたようです。

この時、漢の皇族と結婚した単于の末裔が、後に劉氏を名告るようになります。

その中には本当の劉氏も、そうでない人もいたでしょう。いずれにしろ、このような経緯があって、この時代に劉氏を名告る匈奴が多く登場するのです。ちなみに現在、劉姓を名乗る人は、中国に六〇〇〇万人以上いると言われています。

東晋が宋となり、南北朝時代へ

最後に西晋《せいしん》が滅びたもう一つの原因として、少し前にも紹介した清談の流行を再びあげておきます。この時代も、政治家が実質的な政策討論をせず、哲学的な空論ばかり交わしていたのです。

西晋の時代の清談の名手に、王衍《おうえん》がいます。彼は名家の出身で、容姿も頭もよく、非の打ちどころがない貴公子でした。血筋のいい彼は、司馬炎《しばえん》からも高く評価され、どんどん出世していきました。ただ王衍はその才能を政治より、もっぱら清談に使いました。

当時、そんな王衍のようになりたいという若者がたくさん現れます。真面目に政治をしようとする人は俗っぽいと嫌われ、出世できない。いつまでも現場のきつい仕事ばかりさせられます。いっぽうで王衍のような空理空論を振り回している人が出世する。そんな状況を見ていれば、真面目に仕事に取り組むより、清談をしている方がよい。そう考える若者が増えてもしかたありません。本来、責任ある立場できちんと仕事をするべき人が、清談ばかりしていて、国がうまく回るわけがありません。

さすがに「八王の乱」や「永嘉の乱」によって、西晋が危機的状況になると、王衍は司《し》馬越《ばえつ》と協力して政治に参加しました。崩壊寸前の西晋をなんとか支えようとしました。懐《かい》帝《てい》（司馬熾《しばしょく》）と対立した司馬越が亡くなると、その軍を引き継ぎ、必死で戦います。

しかし漢（後の前趙）の武将の石勒《せきろく》に攻撃され、軍は壊滅的な被害を出しました。捕らえられた王衍は、命乞いをしたものの、最後は殺されてしまいます。その際、「無意味な清談にうつつを抜かさず、もっと国家のために働いていれば、こんなことにはならなかった」と後悔したと言います。

その後、石勒によって洛陽《らくよう》が陥落し、西晋が滅亡するわけです。このようなこともあってか、さすがにその後、東晋《とうしん》では清談はあまり行われなくなったようです。東晋が西晋より長続きしたのは、実質論を先行させたからでしょう。

いずれにしろ東晋は、四二〇年に宋《そう》となり、斉《せい》、梁《りょう》、陳《ちん》の四王朝が短期間に興亡し、最後は隋《ずい》に滅ぼされます。三国時代の呉《ご》に東晋、さらに宋、斉、梁、陳と、建康《けんこう》に都を置いた六つの王朝を称して六朝《りくちょう》と言います。

一方、五胡十六国時代に突入した華北は、やがて北魏《ほくぎ》という鮮卑《せんぴ》族の国に統一されます。約一〇〇年後に北魏が東魏《とうぎ》と西魏《せいぎ》に分かれ、東魏が北斉《ほくせい》に、西魏が北周《ほくしゅう》になります。さらに北周が北斉を滅ぼし、華北を統一します。そして北周から禅譲を受けた隋が、再び中国全土を統一するのです。隋もその後の唐《とう》も、漢民族ではなく、鮮卑族が支配した国です。

以上が晋の滅亡後の中国の歴史となります。このあたりは、三国志好きの人でも、ほとんど知らなかった世界ではないかと思います。

最初に申し上げたように、日本では三国志と言えば、漢王朝の復興を目指した劉備《りゅうび》や諸《しょ》葛亮《かつりょう》らの華々しい前半戦に焦点が当てられがちです。そこでこの本では、あえて普段あまりフォーカスされることのない、三国志後半や晋の時代のことも取り上げました。このような歴史の長いスパンで眺めると、三国志の世界も、今までとはまったく異なる風景となるのではないでしょうか。

晋・司馬家系図

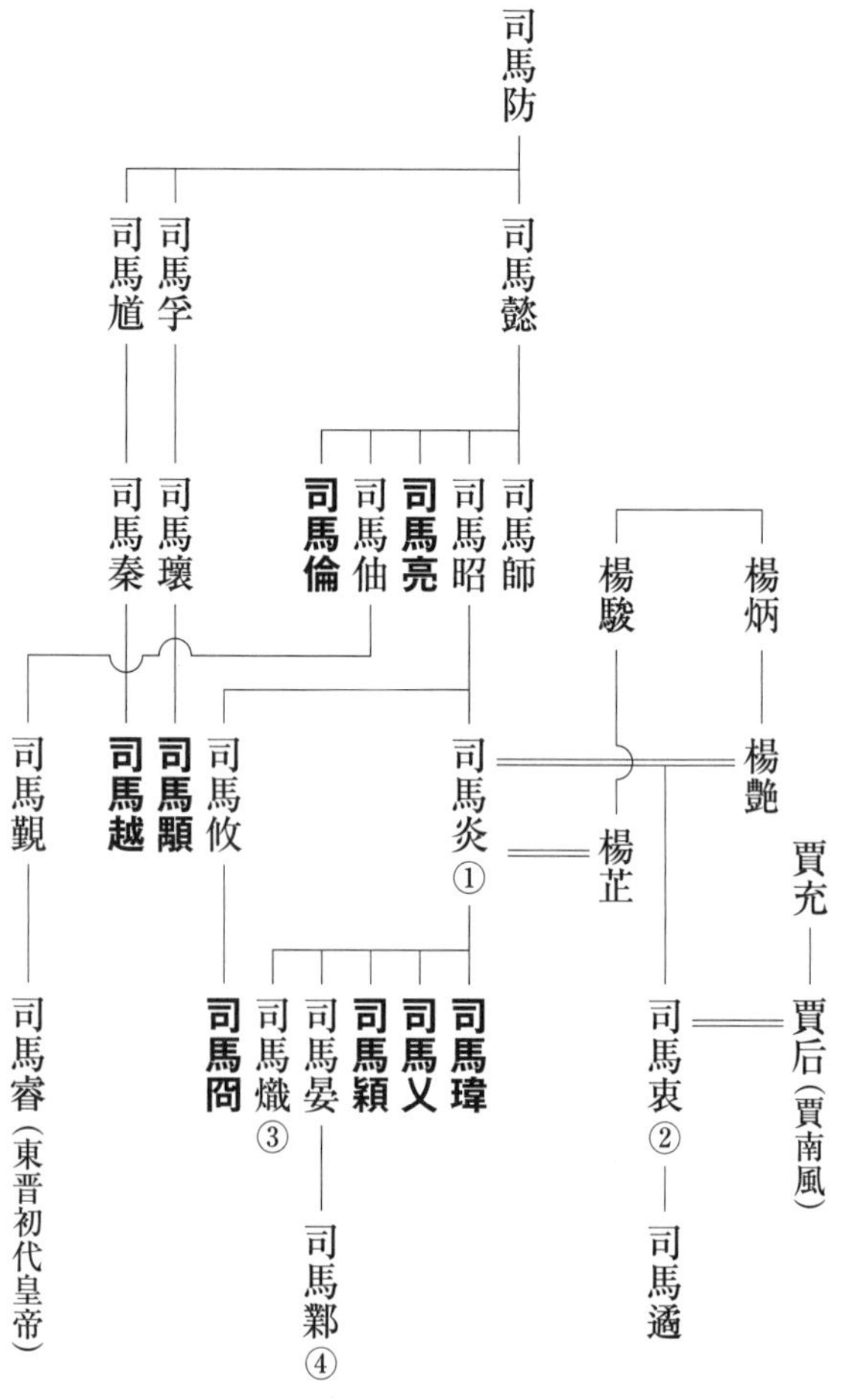

※太字は乱を起こした八王

あとがき

お読みいただき、感謝いたします。

以上のことからお解りいただけるごとく、後漢は正式に滅亡（魏への禅譲）する半世紀以上も前から、皇帝の夭逝《ようせつ》や外戚の横暴、宦官の弊害などで、もうすでに屋台骨に大きな亀裂や湾曲が入っていて、崩壊の危機に曝《さら》されていました。

つまり瀕死の危篤状態が、永らく続いていたのです。

皇帝周辺の丞相をはじめとした高位の文官たちは、躍起になってそれを修復し、支えようとしてはいました。

しかし、その程度では、もう癒《い》える病ではなかったわけです。

劉備や関羽、張飛、はたまた曹操や孫権たちも、後漢の行政サービスが行き届かない乱れた状況に嫌気《いやけ》が差して、少なくとも秩序を行きわたらせて、何とか民の便宜を図ろうとしたはずです。

だが、宮廷以外にもさまざまな軍閥が割拠して、それぞれの思惑だけで勝手な行動をしたのが判ります。

中には世を憂うよりも、ひとえに自己の都合だけを最優先させる者どもも許多《あまた》おり、彼らの端《はた》迷惑な割り込みのため、要因が入り混じったり重なったりして、混乱にさらなる拍車が掛かりました。

重傷の身体にもかかわらず、さまざまな病巣が暴れ出した瀕死の人物を連想させます。手の施《ほどこ》しようがないのです。つまり、歴史の進み方は安寧へは向かわずに、ますます混沌としていったことになります。

せっかく黄巾の乱が収まっても、汜水関《しすいかん》の戦いが終わっても、洛陽が放火略奪の危機を脱しても、長安へ遷都しても、董卓が討たれても、呂布の放浪が止んでも、軍閥の淘汰が進んでも、一向に平和の糸口も摑《つか》めなかったのです。

またもや官渡の戦いや赤壁の戦いと、次から次に事件が起こってなかなか戦争終結に結びつかなかったのです。

その中において、諸葛亮の孤軍奮闘ぶりだけが、悲壮感をもって伝わってきます。彼の類《たぐ》い希《まれ》な能力をもってしても、統一は叶わなかったわけです。

特に天下安寧に必要不可欠で、肝心要《かんじんかなめ》の皇帝が、英邁《えいまい》には遠く及ばぬ凡夫以下の愚鈍に近い人物ばかりでした。

政《まつりごと》にさっぱり意欲がなく、無気力を絵にしたような（劉禅や司馬衷《しばちゅう》に代表される）人物では、見守っている我々が業を煮やしたくなります。

また、それでなければ残酷極まりない人物（孫皓《そんこう》）だったりして、歴史の流れはなかなか理想的にはいかぬものです。

でも、天下国家に限らなくとも、我々の周囲にも、似たような縮図のごとき現象は起こっているものです。

諸葛亮が自ら蜀を乗っ取っていれば、国としてはもっと繁栄し続けていたことでしょう。それは、誰もが持つ感想だったはずです。

ところが、もし万が一、彼が蜀の皇帝に即位していれば、逆にここまで人気はなかったろうとも思えますね。

馬鹿な皇帝を盛り立てて、飽くまでも宰相に徹したことで、彼の面目躍如たるものがあったのです。

さて、まえがきにも記しましたが、三国志は彼の陣没で終わってしまうダイジェスト版が多いのです。そして、それゆえに割を喰うのが、邪馬台国に関する「魏志倭人伝《ぎしわじんでん》」の論議と思われます。

この件は日本において、三国志とは全く別の独立した話になっています。そんなことだから、大和説と九州説の決着が付きにくいのです。

無論、何時《いつ》まで経っても結論は出ないのでしょう。その方が、ロマンがあると言う向きが多いのも確かです。

ただ少なくとも、卑弥呼の使節が半島へ渡って行く先で、司馬懿が遼東において公孫淵《こうそんえん》と戦争していたと認識すれば、展開は随分変わるはずです。

また、これまで余り語られなかった司馬一族の魏国乗っ取りや、それに伴って始まる蜀への侵攻、呉の併呑、成立した（西）晋が短命だったこと、とんでもない皇后と希有な皇后がいたことなどにも言及できました。

読者も、三国志に対する未経験に触れていただけたのであれば、この著書の値打ちがあり、筆者として望外《ぼうがい》の幸せです。

一二回の講演を文字に起こし、書籍として世に出るまで、さまざまな方々の御協力を得ました。潮出版社編集の吉田孝氏、ライターの関川隆氏です。この場をお借りして、感謝の意を伝えます。ありがとうございました。

臘月　吉日

塚本青史

【初出】

本書は、月刊「潮」二〇二一年八月号から二二年七月号まで連載されたものを、大幅に加筆、修正したものです。

塚本青史　つかもと・せいし（作家）

1949年、岡山県倉敷市生まれ。同志社大学文学部卒。96年、『霍去病』で文壇デビュー。2012年6月、『煬帝』（上・下）で「第1回歴史時代作家クラブ作品賞」受賞。14年10月、『サテライト三国志』（上・下）で「第2回野村胡堂文学賞」受賞。著書に『光武帝』（上・中・下）『始皇帝』『則天武后』（上・下）『バシレウス』『玄宗皇帝』『趙雲伝』など多数。

潮新書 049

深掘り三国志

2023年　1月5日　初版発行

著　者｜　塚本青史
発行者｜　南　晋三
発行所｜　株式会社潮出版社
〒102-8110
東京都千代田区一番町6　一番町 SQUARE
電話　■ 03-3230-0781（編集）
■ 03-3230-0741（営業）
振替口座 ■ 00150-5-61090

印刷・製本｜ 中央精版印刷株式会社
ブックデザイン｜ Malpu Design

ISBN978-4-267-02381-1 C0240